U0671701

经济金融建模入门指南

A GUIDE TO ECONOMIC AND FINANCIAL MODELLING

陈工孟　主编

经济管理出版社
ECONOMY & MANAGEMENT PUBLISHING HOUSE

图书在版编目（CIP）数据

经济金融建模入门指南/陈工孟主编．—北京：经济管理出版社，2014.10

ISBN 978-7-5096-3354-0

Ⅰ．①经…　Ⅱ．①陈…　Ⅲ．①金融-经济模型-教材　Ⅳ．①F8 ②F224.0

中国版本图书馆 CIP 数据核字（2014）第 206859 号

组稿编辑：魏晨红

责任编辑：魏晨红

责任印制：黄章平

责任校对：超　凡

出版发行：经济管理出版社

　　　　　（北京市海淀区北蜂窝 8 号中雅大厦 A 座 11 层　100038）

网　　　址：www.E-mp.com.cn

电　　　话：(010) 51915602

印　　　刷：三河市延风印装厂

经　　　销：新华书店

开　　　本：787mm×1092mm/16

印　　　张：9.75

字　　　数：160 千字

版　　　次：2014 年 10 月第 1 版　2014 年 10 月第 1 次印刷

书　　　号：ISBN 978-7-5096-3354-0

定　　　价：28.00 元

编 委

编撰单位：

深圳市国泰安信息技术有限公司

主编：

陈工孟　深圳市国泰安信息技术有限公司董事长；
　　　　上海交通大学金融学教授、博士生导师

执行主编：

高　宁　深圳市国泰安信息技术有限公司副董事长；
　　　　西安交通大学管理学院教授、博士生导师

执行副主编：

凌宗平　深圳市国泰安信息技术有限公司数据应用事业部群总经理
李晓龙　深圳市国泰安信息技术有限公司数据与学科建设事业部总经理

编写人员：

张娟娟　陈曦　王筠青　林　蕾

前 言

一、写作背景

建模是将理论上的问题以模型的形式展示，从而得到问题所需要的结果。传统意义上的建模，并没有确切的界限来划分是何种类型的建模。而建模的目的是什么呢？简言之，就是预测和控制未来。那么，我们为什么要预测、控制未来？其原因就是为了降低风险。因为风险在任何行业都存在，控制好风险能提高效益、能理性地投资、能使企业的运作更加健康等。这个过程适用的范围非常广泛，包括医学判断、通信工程、经济金融等领域，并且在这些领域也获得了一定的发展。

二、宗旨及特色

本书主要研究建模在经济金融领域的应用，市面上的 Matlab 系列教材、经济金融系列教材不胜枚举，本书的特色在于很好地把理论问题以更"生动"的数字、图形的方式展示出来，同时也包括一些非常有价值的总结和后续思考，以供读者研究。正所谓"授人以鱼不如授人以渔"！

本书特色：

（1）理论基础全面。其一，不但有对经济金融知识的贯穿介绍，还有对金融实战研究的讲解；其二，对书中模型的环境介绍：CSMAR 数据库、Matlab 编程基础及 EFM 建模平台的运用等，能帮助读者更全面的学习应用。

（2）真实性。书中所有数据均来源于深圳市国泰安信息技术有限公司的 CSMAR 数据库，所有程序都是真实的模型案例，应用价值非常高。

三、内容简介

本书分为两部分：理论+实践。理论部分包括两个章节，其中第一章主要介绍经济金融基础知识和实证研究的历史进程，以及经济金融建模的背景知识，包括 CSMAR 数据库、模型介绍及建模软件 Matlab 介绍；第二章主要介绍深圳市国泰安信息技术公司自主研发的 EFM 经济金融模型实训平台及其具体的操作，非常完美地将金融模型以更加灵活的方式展示给学者。实践部分主要按照内容的归类介绍了五大部分的模型，包括金融学、财务及财务报表模型、金融工程及数据分析模型，这些模型不仅有理论的指导更有程序的说明及结果的验证，同时也包括对模型进一步的延伸思考。模型中所有数据基本上都是基于本公司 CSMAR 数据库进行开发的，真实性非常强，希望对高校师生和研究者的学习及建模有所帮助。

四、面向读者

本书适合经济金融初学者的学习、研究和深层理解，也适用于数学统计类的学者的学以致用。书中包括每个理论问题的 Matlab 程序模型支持，注释也非常清晰，因此本书非常适合希望今后从事金融模型、量化分析研究者。通过对本书的学习，相信您能收获以下几点：

（1）对经济金融学科的理论和实践的发展有更深层次的了解。

（2）深刻掌握建模的过程及建模的背景，能够掌握 Matlab 编程的基本技能，程序注释非常清楚，易懂易学。

（3）对模型能够深入浅出地去了解，对于金融指标的计算方法、模型的实际意义能够通过数字更加形象地理解。同时也能够学习到量化投资、数据挖掘领域的一些比较经典前沿、研究比较热门、应用比较广泛的模型。

（4）能够学习到不同学科之间的交叉应用：包括统计学与金融、数学与金融等一系列知识。相信大家能够更好地把理论与实践应用结合起来。

五、致谢

感谢参与本书编撰的所有人员，包括理论内容的撰写、程序模型的开发和后续的整理等。

目　录

第一部分

理论工具介绍

经济金融建模基础知识

经济及金融理论发展历程及实务应用趋势

经济指的是整个社会的物质资料的生产和再生产，指社会物质生产、流通、交换等活动。"经济学之父"亚当·斯密（Adam Smith）于 1776 年第一次正式提出了经济学的概念，自此经济学成为一门独立的社会科学。之后经历了反古典学派和新古典学派的时代，从 1970 年至今，以傅利曼为代表的经济学者提出了"现代经济学派"，主张自由经济，政府不过分干涉。

亚当·斯密曾说"市场经济就像一只看不见的手"，事实上，只有当这只手充分地自由时，才能完全支配一切经济活动。处于资本主义社会的西方国家，市场经济完全开放，经济的发展透明，这些国家的经济发展与非资本主义国家相比，显得更加稳健。由图 1-1-1 看出，资本主义国家 GDP 增长率的波动范围很平稳并呈现周期化。在中国这个市场经济还未完全开放的市场中，经济的发展往往会面临更多的风险，由图 1-1-1 也能看出，中国的 GDP 增长率的波动是最大的，因此风险的控制也显得尤其重要。

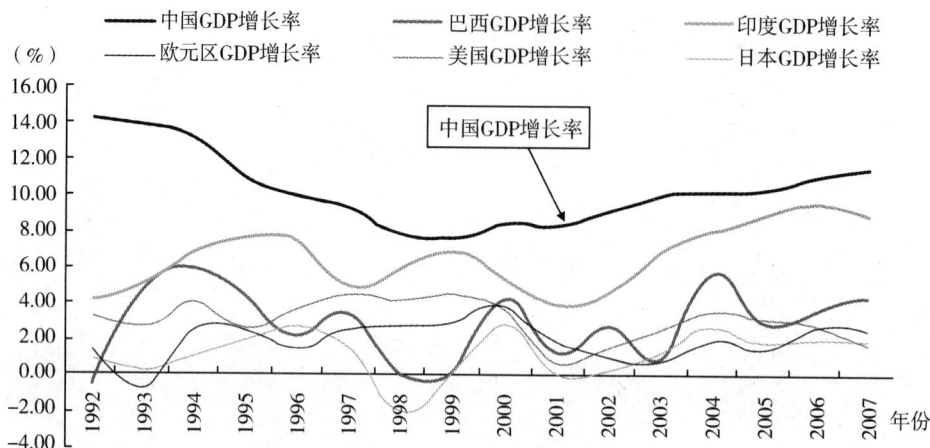

图 1-1-1　主要世界大国的 GDP 增长率

金融是信用相关活动、货币的流通以及与之相联系的一切经济活动的总称。广义上的金融泛指一切与信用货币的发行、兑换、结算、保管、融通有关的经济活动，甚至还包括金银的买卖；而狭义上的金融特指信用货币的融通。

金融学的历史其实并不长。很多经济学家很早就意识到了信用市场的基本经济功能，但他们并未热衷到在此基础之上做更深层次分析研究的地步。正因为如此，关于金融市场的早期观点大多都比较直观，并且绝大多数都是由一些实业家和经商者提出来的。然而，这并不代表着早期的经济学家们就以此而忽略了金融市场，Irving Fisher（1906、1907、1930 年）很早就描述了关于信用市场在经济活动中的诸多基本功能，尤其是其在时间上分配资源的作用——这表明他已经清楚地认识到了风险在资源分配中的重要性。

金融学最主要的理论就是"有效市场假说"，由 Eugene Fama（1970 年）提出，"有效市场假说"实际上意味着"世上没有免费的午餐"，意为不会有100 元钱躺在路边等着人来捡。因为，如果有的话，早就有人把它捡走了。因此，看路边是否有钱是根本没有意义的，尤其是如果这一看的动作存在成本的情况下。这个理论一直以来都对我们的后期研究有着非常重要的贡献。

关于经济和金融，不能轻易判断孰重孰轻，因为二者是紧密联系、相互作用、相互融合的。具体来说：

（1）经济发展对金融起着决定性作用，金融是居于从属的地位，不能凌驾于经济发展之上。

（2）金融是为经济发展服务的，对经济发展有着巨大的推动作用，但同时也有可能会出现一些不良的影响及副作用。具体体现在：其一，金融是在商品经济发展的过程中产生的，伴随着商品经济的发展而同步发展起来的。其二，商品经济不同的发展阶段对金融市场的需求是不同的，这也决定了金融的发展阶段、结构和层次的不同。

一、经济金融实证研究的历史进展

经济金融模型的实证研究使得世界充满变革和创新，从20世纪50年代的马科维茨模型到70年代的BS期权公式，再到90年代的抵押贷款债券（CDO）和信用违约互换（CDS）的定价模型等，这些模型在当时无一不是创新的产物。

从经济金融模型诞生之日起，经济金融模型的研究就不再仅仅是基于经济、金融领域的知识，同时也基于统计学、数学、信号处理等领域交叉学科的应用，例如，利用小波函数对股价进行平滑处理后，股价走势满足了平稳性（但不改变其特性），再做各种分析预测结果会更加好模拟。

这些工具的应用也越来越广泛，包括组合投资管理、随机模拟、期权定价、固定收益、KMV模型计算、股价预测等。它们越来越受研究者的青睐，因为它们能更好地解释结果。

二、实证研究的未来趋势：量化投资

CDS和CDO引发的金融危机印证了传统的数量方法面临技术更新，但是以数学和计算机相结合的基础不会改变。国内金融机构已经将金融数量化作为战略发展之一。而这些金融数量化方法当中，研究最为热门的当属量化投资技术。

量化投资是最近十年来在国际投资界兴起的一个新方法，在海外的发展已有 30 多年的历史，它是由天才数学家詹姆斯·西蒙斯最早提出，他所管理的"大奖章基金"的平均年收益率比股神巴菲特的收益要高很多，1987~2007 年的平均年收益率高达 35%，而巴菲特在同期也不过是 20%。

和传统的方法相比，量化投资最大的特点就是定量化和精确化，它是结合了现代数学理论和金融数据的一种全新的分析方法，是现代化的证券分析方法。它具有以下几个特征：

（1）纪律性：所有的决策都是依据模型做出的。

（2）系统性：具体表现为"三多"，即多角度、多层次、多数据（用海量数据处理问题）。

（3）套利思想：定量投资的策略是寻找估值洼地，通过全面性、系统性的扫描捕捉错误定价、错误估值带来的机会。

（4）概率取胜：一是定量投资不断地从历史中挖掘有望在未来重复的历史规律并且加以利用。二是依靠一组股票取胜，而不是一只或几只股票取胜。

因此，在未来几十年内量化投资的使用价值非常高，它能以较大的概率帮助投资者获取更多的利润，自诞生至今，量化投资的投资者和研究者对其的重视和青睐有增无减。

▓ 第二节

经济金融建模介绍

如果用一个公式来表示经济金融建模的话，那就是：

经济金融建模＝理论模型＋经济金融数据库＋实验仿真

同时也可以表示成：经济金融建模＝数学建模＋金融问题

而建立什么样的模型，依据又是什么，这就要根据实际的问题，即根据金融问题来建模。

首先建模必须要有理论模型的支持；其次要有数据模拟，即经济金融数据库；最后进行试验仿真，得到研究的结果。建模的工具有很多种，在金融领域，数据分析上，常用的工具包括 Matlab、SPSS、SAS、lingo、Eviews 等软件，在计算性能上，当属 Matlab 的功能最为强大，本书是基于 Matlab R2012b 的版本开发的金融经济模型，而这些模型，例如回归、聚类分析等模型都是通过一系列经验方法的学习以及数学统计上的知识得到的，尽管这些模型是其他学科的分支，但是在经济金融的研究上也是适用的，而且应用研究价值非常可观。

那么喜欢思考的学生会问，建立模型的目的是什么？假设有这样一个问题，已知一个国家过去几年的 GDP 增长率，并假设未来不会受到任何外界因素的影响，问题是如何知道下一年的 GDP 增长率。如果能预测得好，那么对我们的经济发展会有一个很好的导向作用。该用什么方法才能预测得非常精确呢？这就是一个金融问题，在解决这个问题时，首先要明确目的，其次根据数据建立理论模型，最后求解问题结果。

根据上述问题，我们可以发现建模真正的目的是用来预测未来或者控制未来，在经济金融领域也是如此。通过建模，可以达到以下几个目的：

（1）模型有助于按照实际情况或所需要的样式对问题进行可视化展示。

（2）模型能够规约金融问题的结构或行为。

（3）模型给出了一系列同等或类似问题的模板。

（4）模型对做出的决策进行文档化，更清晰地展示结果。

（5）建模可以培养学者的逻辑思维和独立思考问题能力，可以在学科之间进行交叉应用。

以上几点，非常充分地表明了建模的重要性，尤其是在这个科技飞速发展的时代、全球经济多样化的时代，学会金融建模更是研究者和投资者的迫切需要。

学会金融建模，就是掌握了一个在经济金融市场中精确导航的工具。

一、经济金融研究数据库

1. CSMAR 数据库内容简介

本书所有内容均是基于 CSMAR 金融数据库中的经济数据进行研究的，模型参考价值非常高。

CSMAR®系列研究数据库是由国泰安自主研发的数据库。它由股票市场研究系列、公司研究系列、板块研究系列、基金市场系列、债券市场系列、衍生市场系列、中国高频研究系列、经济研究系列、货币市场系列、市场资讯系列、行业研究系列、海外研究系列、科技金融研究系列和专题研究系列十四个部分构成。具体内容见图 1-1-2。

■ 股票市场研究系列
CSMAR 中国股票市场交易数据库
中国融资融券研究数据库
中国股票市场大笔交易数据库
中国证券市场大宗交易数据库
中国证券市场指数研究数据库
中国股权分置改革研究数据库
中国股票交易停复牌研究数据库
中国特殊处理与特别转让股票研究数据库
中国股票市场衍生指标数据库

■ 公司研究系列
CSMAR 中国上市公司财务报表数据库
中国上市公司年、中、季报公布日期数据库
中国上市公司业绩预告数据库
中国海外上市公司研究数据库
中国上市公司财务报表附注数据库
中国上市公司财务指标分析数据库
中国上市公司财务报告审计意见数据库
中国上市公司分析师预测研究数据库
中国银行财务研究数据库
中国上市公司首次公开发行研究数据库（A股）
中国上市公司首次公开发行研究数据库（B股）
中国上市公司增发配股研究数据库
中国上市公司红利分配研究数据库
中国上市公司股东研究数据库
中国上市公司治理结构研究数据库
中国上市公司违规处理研究数据库
中国上市公司并购重组研究数据库
中国上市公司关联交易研究数据库
中国上市公司银行贷款研究数据库
中国民营上市公司数据库
中国上市公司国有股拍卖与转让研究数据库
中国上市公司资产评估数据库
中国上市公司机构股票池研究数据库
中国上市公司对外担保研究数据库

■ 板块研究系列
板块数据库

■ 基金市场系列
中国封闭式基金研究数据库
中国开放式基金研究数据库
中国证券市场基金评价研究数据库

■ 债券市场系列
中国债券市场研究数据库

■ 衍生市场系列
中国商品期货市场研究数据库
中国权证市场研究数据库
股指期货研究数据库

■ 中国高频研究系列
中国证券市场高频交易研究数据库
中国商品期货高频研究数据库
中国股指期货高频研究数据库

■ 经济研究系列
中国宏观经济研究数据库
中国区域经济研究数据库
世界经济景气指数库
中国工业行业统计数据库
中国进出口统计数据库
世界经济统计数据库
中国资源研究数据库

■ 货币市场系列
中国外汇市场研究数据库
中国黄金市场交易研究数据库
中国货币市场与政策工具数据库
中国银行间交易研究数据库

■ 市场资讯系列
公告数据库
新闻数据库
研究报告数据库

■ 行业研究系列
中国能源行业研究数据库
中国房地产行业研究数据库
中国通信行业研究数据库
中国汽车行业研究数据库
中国交通运输行业研究数据库
中国保险行业研究数据库
中国钢铁行业研究数据库
中国有色金属行业研究数据库
中国医药行业研究数据库
中国交通运输行业研究数据库（HD）
中国新能源行业研究数据库
中国石油化工行业研究数据库
中国农业研究数据库

■ 海外研究系列
香港上市公司研究数据库
美国股票市场研究数据库

■ 科技金融研究系列
天使投资数据库

■ 专题研究系列
中国股票市场收益波动研究数据库
中国股票市场基本分析研究数据库
中国上市公司资本结构研究数据库
中国股票市场日历效应研究数据库
中国股票市场资本资产定价模型研究数据库
中国股票市场股权利政策研究数据库
中国股票市场收益预测研究数据库
中国股票市场盈余反应系数研究数据库
中国股票市场事件研究数据库
中国股票市场操控性与非操控性应计利润研究数据库
中国股票市场风险评价系数β数据库

图 1-1-2　CSMAR 数据框架

作为一款标准的海量数据库，CSMAR®具有以下的一系列标准：

（1）专业性。数据设计符合规范化、标准化，数据库的整体架构与实证学术研究方法、模型紧密结合，数据的内容及表现形式满足学术研究的需要，检索方便，易于验证。

（2）准确性。数据来源非常可靠，准确度极高，定期会对数据进行质检，保证研究的可靠性。

（3）完整性。完整的数据有助于描述事物的本质，数据库中的数据时间、数据项目、指标、分类都是非常完整的。

（4）延续性。数据库中的数据运用 updatetime 指标进行定期更新、追踪、分析等，保证数据的延续性。

2. CSMAR 数据库内容简介

以 CSMAR 数据库中的股票日个股回报率文件为例，通过语句"select * from TRD_ Dalyr"，得到如图 1-1-3 所示的部分数据。

	Stkcd	Trddt	Trdsta	Opnprc	Hiprc	Loprc	Clsprc	Dnshrtrd	Dnvaltrd	Dsmvosd	Dsmvtll	Dretwd
1	000001	1991-04-03	1	49.000	49.000	49.000	49.000	100	5000.000	1298500.00	2376508.38	0.225000
2	000001	1991-04-04	1	48.760	48.760	48.760	48.760	300	15000.000	1292140.00	2364868.34	-0.004898
3	000001	1991-04-05	1	48.520	48.520	48.520	48.520	200	10000.000	1285780.00	2353228.30	-0.004922
4	000001	1991-04-06	1	48.280	48.280	48.280	48.280	700	34000.000	1279420.00	2341588.26	-0.004946
5	000001	1991-04-08	1	48.040	48.040	48.040	48.040	200	10000.000	1273060.00	2329948.21	-0.004971
6	000001	1991-04-09	1	47.800	47.800	47.800	47.800	400	19000.000	1266700.00	2318308.17	-0.004996
7	000001	1991-04-10	1	47.560	47.560	47.560	47.560	1500	71000.000	1260340.00	2306668.13	-0.005021
8	000001	1991-04-12	1	47.080	47.080	47.080	47.080	800	38000.000	1247620.00	2283388.05	-0.010093
9	000001	1991-04-13	1	46.840	46.840	46.840	46.840	500	23000.000	1241260.00	2271748.01	-0.005098
10	000001	1991-04-16	1	46.380	46.380	46.380	46.380	200	9000.000	1229070.00	2249437.93	-0.009821
11	000001	1991-04-17	1	46.150	46.150	46.150	46.150	100	5000.000	1222975.00	2238282.89	-0.004959

Dretnd	Adjprcwd	Adjprcnd	Markettype	Capchgdt	UPDATEID	UPDATETIME	UPDATESTATE	BUSINESSTIME	UTSID
0.225000	49.000000	49.000000	4	1991-04-03	1	2009-05-11 23:58:22.450	0	1991-04-03 00:00:00.000	6313601
-0.004898	48.760000	48.760000	4	1991-04-03	2	2009-05-11 23:58:22.450	0	1991-04-04 00:00:00.000	6313602
-0.004922	48.520000	48.520000	4	1991-04-03	3	2009-05-11 23:58:22.450	0	1991-04-05 00:00:00.000	6313603
-0.004946	48.280000	48.280000	4	1991-04-03	4	2009-05-11 23:58:22.450	0	1991-04-06 00:00:00.000	6313604
-0.004971	48.040000	48.040000	4	1991-04-03	5	2009-05-11 23:58:22.450	0	1991-04-08 00:00:00.000	6313605
-0.004996	47.800000	47.800000	4	1991-04-03	6	2009-05-11 23:58:22.450	0	1991-04-09 00:00:00.000	6313606
-0.005021	47.560000	47.560000	4	1991-04-03	7	2009-05-11 23:58:22.450	0	1991-04-10 00:00:00.000	6313607
-0.010093	47.080000	47.080000	4	1991-04-03	8	2009-05-11 23:58:22.450	0	1991-04-12 00:00:00.000	6313608
-0.005098	46.840000	46.840000	4	1991-04-03	9	2009-05-11 23:58:22.450	0	1991-04-13 00:00:00.000	6313609
-0.009821	46.380000	46.380000	4	1991-04-03	10	2009-05-11 23:58:22.450	0	1991-04-16 00:00:00.000	6313610
-0.004959	46.150000	46.150000	4	1991-04-03	11	2009-05-11 23:58:22.450	0	1991-04-17 00:00:00.000	6313611
-0.004984	45.920000	45.920000	4	1991-04-03	12	2009-05-11 23:58:22.450	0	1991-04-18 00:00:00.000	6313612

图 1-1-3 日个股回报率部分数据表

图 1-1-3 显示的内容，是提取了数据表 TRD_ Dalyr 中代码为 000001 的前 11 条数据。日个股回报率文件共 22 个字段，前 21 个字段从左至右依次为：证券代码、交易日期、交易状态、日开盘价、日最高价、日最低价、日收盘价、日个股交易股数、日个股交易金额、日个股流通市值、日个股总市值、考虑现金红利再投资的日个股回报率、不考虑现金红利的日个股回报率、考虑现金红利再投资的收盘价的可比价格、不考虑现金红利的收盘价的可比价格、市场类型、最新股本变动日期、数据 ID、数据更新日期、更新状态、业务时间。

其中，UPDATETIME 字段用来判断数据内容是否需要更新，查询的关键字是证券代码+交易日期，通过这两个字段可以提取唯一的一条交易数据。

该数据表非常清晰地覆盖了个股回报率的所有内容，并且数据的精度也是非常合理的。无论是对于计算研究还是数据的提取工作都非常方便快捷，在实际研究应用当中，可以通过 CSMAR 数据库客户端，用 sql 语句直接提取数据，也可以通过 API 端口缓存数据。

二、理论模型

经济金融模型按照内容主要分为以下几类：

（1）金融学模型。这类模型比较简单，也比较常见，重在理解。其中包括现值和终值模型、单利和复利模型、年金、净现值、股票债券定价、投资决策方法等一系列模型，多数都可利用复利数学上的数学公式，将指标计算出来。

例如年金模型，年金分为普通和即付类型，年金又包括终值和现值，普通年金的终值公式为：

$$年金 = 年金额 \times \frac{(1+利率)^{期限} - 1}{利率}$$

在已知年金额、利率和期限的前提下，很容易计算出普通年金终值。

（2）公司财务模型。这类模型主要是介绍一些财务指标，重在对财务指标的理解和记忆，以及了解不同指标所代表的意义。主要包括：短期偿债能力比率、长期偿债能力比率模型、资产管理模型、盈利能力比率、现金管理、存货管理、应收账款管理等模型。它们大多是对指标的整合和数据的整理。

例如，短期偿债能力比率模型，就是对标的公司的流动比率（流动比率＝流动资产÷流动负债）、标的公司的速动比率（速动比率＝速动资产÷流动负债）及标的公司的现金比率（现金比率＝现金类资产÷流动负债）数据的整合。其中这三个指标数据往往是可以直接提取或通过简单的计算间接得到的。

（3）财务报表模型。掌握财务报表是学习财务会计知识的基础，会读财务报表，会认财务指标对实际工作有重要的指导意义。这类模型主要包括：传统业绩评价方法、资金需求模型、租赁模型、资本成本、资本结构、财务杠杆、成本计算、生产作业分析、短期经营决策、沃尔平均法、经济增加值等众多的模型。

例如，财务杠杆模型：

$$DFL = \frac{EBIT}{EBIT-I}$$

其中，EBIT 表示变动前的息前税前盈余，I 表示债务利息，DFL 表示财务杠杆。

通过该公式能够算出财务杠杆，运用财务杠杆会给企业权益资本带来额外收益，但是同时会给企业带来财务风险。因此，要合理地利用财务杠杆的作用。

（4）金融工程模型。这类模型属于金融领域，较复杂，也是比较有研究价值的一类模型。主要包括：期权定价模型、二叉树模型、久期与凸性、零期债券模型、信用风险等模型。这类模型对于评估投资行为，帮助决策者做出决策具有很强的指导意义。

例如，欧式期权定价 JR 树法计算看涨期权和看跌期权的价格，利用公式：

$$f = e^{-r\Delta t}\left[p\, f_u + (1-p)f_d \right]$$

其中，看涨期权的计算公式为：$f_u = \max(uS-k,\ 0)$；$f_d = \max\ (dS-k,\ 0)$，$p=0.5$；看跌期权的计算公式为：$f_u = \max(k-uS,\ 0)$；$f_d = \max\ (k-dS,\ 0)$，$p=0.5$，在已知一些变量前提下，看涨看跌期权价格都能计算出来。这个模型的计算公式是由经典的 CRR 树定价模型公式演变而来。

（5）金融数据分析模型。这类模型是数据分析方法在经济金融领域的应用，这也是当今研究最热门的一类模型。对大数据的挖掘，从海量的股票数据中研究出股价走势的模型，从海量数据中研究出相互关联的变量等。好比从大山中采矿一样，盲目地去开发可能什么都找不到，但是利用科学的方法，充分利用已知的信息将会在最短的时间内挖掘到"金子"。

这类模型主要包括预测、聚类模型、主成分分析、支持向量机等一系列非常经典的模型。例如比较常见的主成分分析模型：这个模型最主要的就是要从大量的指标中提取对我们最有用的几个指标，这是一个降维的过程。在这个过程中，最主要采用的就是数学统计方法，找到累计贡献率大于某个指定百分数的那些成分即为所求。这些主成分的线性组合能够最大化地表示所有的指标，因此工作量也会大大降低。

三、IT 技术：Matlab

1. Matlab 概要

Matlab，即"矩阵实验室"或者"科学计算实验室"，它是以矩阵为基本运算单元。Matlab 最大的优点就在于矩阵运算，通常版本越高的 Matlab 其所集成的函数越多，计算也越快捷。本书对 Matlab 的介绍分两方面，一方面是Matlab 界面介绍，另一方面是 Matlab 矩阵运算基础介绍。

2. Matlab 界面介绍

Matlab 软件共包括两个大的界面，一是启动 Matlab 的主界面，二是函数编辑器窗口。

Matlab 的主界面如图 1-1-4 所示，主要包括目录浏览器窗口（Current Directory）、工作空间浏览器窗口（Workspace）、历史命令窗口（Command History）和命令窗口（Command Window）四个操作窗口。

（1）目录浏览器窗口。该窗口显示图 1-1-4 中条形框显示的路径下的所有文件，包括 Matlab 可直接运行的 m 文件等内容。

（2）工作空间浏览器窗口。工作空间浏览器窗口用于显示所有 Matlab 工

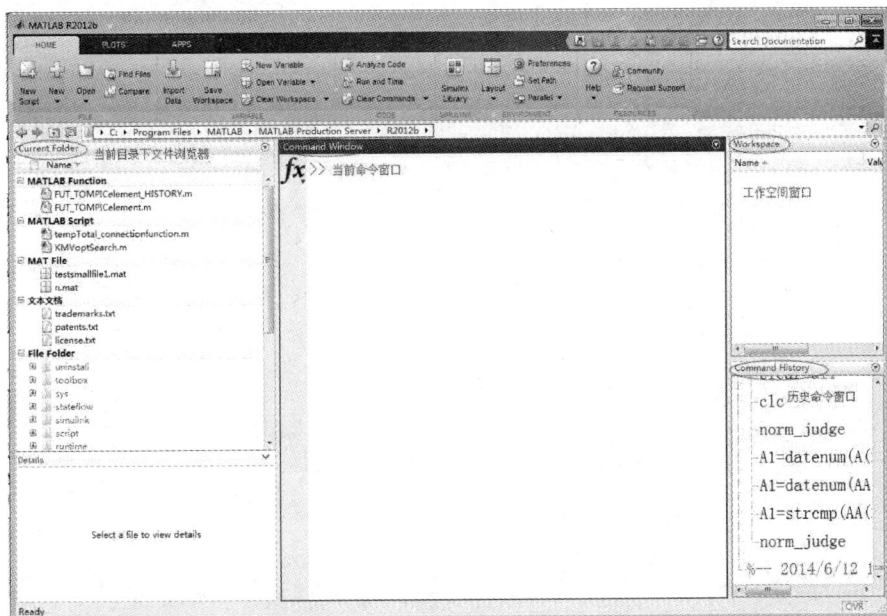

图 1-1-4　Matlab 主界面窗口

作空间中的变量名、数据结构、类型、大小和字节数，可以对变量进行观察、编辑、提取和保存。

（3）历史命令窗口。在该窗口中主要显示以前输入过的命令，双击可直接将其复制到接下来的命令窗口。

（4）命令窗口。在命令窗口中可键入各种 Matlab 的命令、函数和表达式，并显示除图形外的所有运算结果。

Matlab 的程序编辑器窗口如图 1-1-5 所示，在这个窗口里，可以编辑完整的程序，包括对其注释、结果的输出、新建程序、运行、保存等内容，操作起来非常方便。在这个窗口里，可保持程序的移植及反复使用。

3. Matlab 矩阵运算

（1）矩阵的表示。Matlab 具有多项强大功能，直接处理向量或矩阵便是其中的一项。

无论任何矩阵（向量），我们都可以直接按行方式输入各个元素：同一行中的元素用逗号"，"或者用空格符来分隔，且空格个数不限；不同的行用分

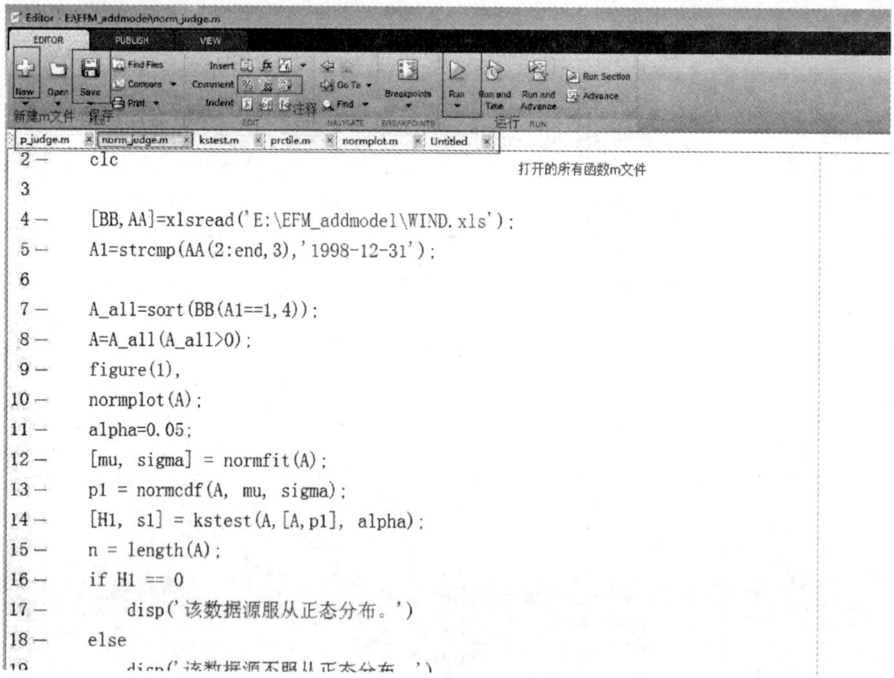

图 1-1-5　Matlab 程序编辑窗口

号";"分隔。所有元素处于一方括号"［　］"内；当矩阵是多维（三维以上），且方括号内的元素是维数较低的矩阵时，会有多重的方括号。如：

Time = ［11　12　1　2　3　4　5　6　7　8　9　10］　　%一维向量

Time =

　　　11　12　1　2　3　4　5　6　7　8　9　10

X_ Data = ［2.32　3.43; 4.37　5.98］　　　　%二维矩阵

X_ Data =

　　　2.43　3.43

　　　4.37　5.98

对于维数较大的矩阵的生成，一般创建 M 文件，以便于修改，例如用 M 文件创建大矩阵，文件名为 example. m。例如：

$$exm = \begin{bmatrix} 456 & 468 & 873 & 2 & 579 & 55 \\ 21 & 687 & 54 & 488 & 8 & 13 \\ 65 & 4567 & 88 & 98 & 21 & 5 \\ 456 & 68 & 4589 & 654 & 5 & 987 \\ 5488 & 10 & 9 & 6 & 33 & 77 \end{bmatrix}$$

在 Matlab 窗口输入：

example；

size（exm）   %显示 exm 的大小

ans =

    5 6   %表示 exm 有 5 行 6 列

（2）一些常用的特殊矩阵的生成。

1）命令-全零阵：函数 zeros

B = zeros(n)   %生成 n×n 全零阵

B = zeros(m,n)   %生成 m×n 全零矩阵

B = zeros（[m n]）   %生成 m×n 全零矩阵

2）命令-单位阵：函数 eye

Y = eye(n)   %生成 n×n 单位阵

Y = eye(m,n)   %生成 m×n 单位阵

Y = eye（size(A)）   %生成与矩阵 A 相同大小的单位阵

3）命令-全 1 阵：函数 ones

Y = ones(n)   %生成 n×n 全 1 阵

Y = ones(m,n)   %生成 m×n 全 1 阵

Y = ones（size(A)）   %生成与矩阵 A 相同大小的全 1 阵

4）命令-均匀分布随机矩阵：函数 rand

Y = rand(n)   %生成 n×n 随机矩阵（其元素在（0，1）内）

Y = rand(m,n)   %生成 m×n 随机矩阵

Y = rand（[m n]）   %生成 m×n 随机矩阵

Y = rand   %只产生一个随机数

举例：产生一个 3×4 随机矩阵

R = rand (3, 4)

  R =

0. 9501	0. 4860	0. 4565	0. 4447
0. 2311	0. 8913	0. 0185	0. 6154
0. 6068	0. 7621	0. 8214	0. 7919

思考：产生一个在区间［10, 20］内均匀分布的 4 阶随机矩阵?

5）命令-正态分布随机矩阵：函数　randn

Y = randn(n)　　　　　　%生成 n×n 正态分布随机矩阵

Y = randn(m,n)　　　　　%生成 m×n 正态分布随机矩阵

Y = randn(［m n］)　　　%生成 m×n 正态分布随机矩阵

Y = randn(m,n,p,…)　　 %生成 m×n×p×…正态分布随机矩阵或数组

Y = randn(［m n p…］)　%生成 m×n×p×…正态分布随机矩阵或数组

Y = randn(size(A))　　　%生成与矩阵 A 相同大小的正态分布随机矩阵

Y = randn　　　　　　　%无变量输入时只产生一个正态分布随机数

举例：产生均值为 0. 6，方差为 0. 1 的 4 阶矩阵

mu = 0. 6; sigma = 0. 1;

x = mu+sqrt（sigma）∗ randn（4）

x =

0. 8311	0. 7799	0. 1335	1. 0565
0. 7827	0. 5192	0. 5260	0. 4890
0. 6127	0. 4806	0. 6375	0. 7971
0. 8141	0. 5064	0. 6996	0. 8527

6）命令-产生随机排列：函数 randperm

p = randperm(n)　　　　%产生 1~n 之间整数的随机排列

举例：

randperm（6）

ans =

   3　　　2　　　1　　　5　　　4　　　6

7）命令-Magic（魔方）矩阵：函数 magic

M = magic(n)   %产生 n 阶魔方矩阵

举例：

M = magic（3）

M =

8	1	6
3	5	7
4	9	2

四、矩阵运算

1. 加、减运算

运算符："+" 和 "−" 分别为加、减运算符。

运算规则：对应元素相加、减，即按线性代数中矩阵的 "+"、"−" 运算进行。

举例：加减法运算

A = [1, 1, 1; 1, 2, 3; 1, 3, 6]

B = [8, 1, 6; 3, 5, 7; 4, 9, 2]

A+B = A+B

A−B = A−B

结果显示：A+B =

9	2	7
4	7	10
5	12	8

A−B =

−7	0	−5
−2	−3	−4
−3	−6	4

2. 乘法运算

运算符：*

运算规则：按线性代数中矩阵乘法运算进行，即放在前面的矩阵的各行元素，分别与放在后面的矩阵的各列元素对应相乘并相加。

（1）两个矩阵相乘（左矩阵的列数要和右矩阵的行数相等）。

举例：

X = [2　3　4　5；

　　　1　2　2　1]；

Y = [0　1　1；

　　　1　1　0；

　　　0　0　1；

　　　1　0　0]；

Z = X * Y

结果显示为：

Z =

　　8　5　6

　　3　3　3

（2）矩阵的数乘：数乘矩阵。

上例中：a = 2 * X

则显示：a =

　　　　4　6　8　10

　　　　2　4　4　2

（3）向量的点乘（内积）：维数相同的两个向量的点乘。数组乘法：A. * B 表示 A 与 B 对应元素相乘。

举例：

X = [2　3　4　5；

　　　1　2　2　1]；

$$Y = \begin{bmatrix} 2 & 1 & 7 & 0; \\ 0 & 1 & 3 & 2; \end{bmatrix}$$

$$X. * Y = \begin{bmatrix} 4 & 3 & 28 & 0 \\ 0 & 2 & 6 & 2 \end{bmatrix}$$

（4）向量点积。函数 dot。

格式 C = dot(A,B) %若 A、B 为向量，则返回向量 A 与 B 的点积，A 与 B 长度相同；若为矩阵，则 A 与 B 有相同的维数。

C = dot(A,B,dim) %在 dim 维数中给出 A 与 B 的点积

举例：

X = [-1 0 2];

Y = [-2 -1 1];

Z = dot（X，Y）

则显示：Z =

        4

还可用另一种算法：

sum（X. * Y）

ans =

    4

（5）逆矩阵运算。函数 inv 或者 $A^{\wedge}(-1)$，前提：A 可逆。

举例：

$$B = \begin{bmatrix} 0.8147 & 0.9134 & 0.2785 \\ 0.9058 & 0.6324 & 0.5469 \\ 0.1270 & 0.0975 & 0.9575 \end{bmatrix};$$

$$inv（B） = \begin{bmatrix} -1.9958 & 3.0630 & -1.1690 \\ 2.8839 & -2.6919 & 0.6987 \\ -0.0291 & -0.1320 & 1.1282 \end{bmatrix}$$

（6）向量除法。除法是乘法的逆运算，除法包括整数和点除。对于整除：A/B 即为 A * inv（B）或者 $A * B^{(-1)}$。其中，inv（B）表示 B 的逆矩阵。

举例：

$$A = \begin{bmatrix} 0.8147 & 0.9134 & 0.2785 \\ 0.9058 & 0.6324 & 0.5469 \\ 0.1270 & 0.0975 & 0.9575 \end{bmatrix};$$

$$B = \begin{bmatrix} 0.9649 & 0.9572 & 0.1419 \\ 0.1576 & 0.4854 & 0.4218 \\ 0.9706 & 0.8003 & 0.9157 \end{bmatrix};$$

$$A/B = \begin{bmatrix} 0.7571 & 0.3356 & 0.0323 \\ 0.2462 & -0.4341 & 0.7590 \\ -0.9446 & 0.4093 & 1.0035 \end{bmatrix}$$

对于点除：类似于点乘，A./B 为 A 与 B 矩阵对应的元素相除。

举例：以上例矩阵 A、B 为例：

$$A./B = \begin{bmatrix} 0.8444 & 0.9542 & 1.9628 \\ 5.7469 & 1.3028 & 1.2967 \\ 0.1308 & 0.1219 & 1.0456 \end{bmatrix}$$

Matlab 的科学计算功能非常强大，几乎无所不能，更多的 Matlab 的学习交流可参考网站 www.iLoveMatlab.cn，相信您会收获更多的新知识。

第二章

经济金融模型实训平台介绍

第一节

经济金融建模简介

一、产品简介

经济金融模型实训平台（Economic and Financial Model Experimental System，EFM），是一个集经济金融、数理统计、数据分析模型教学、建模、实训、交流、应用于一体的，基于 Matlab 编程的开放式教学实训平台。它由以下几个模块组成：

（1）模型演示模块。对模型从理论到实战程序、数据结果、图形的全面展示。

（2）模型 DIY 模块。自主创建模型的背景知识以及模型的程序。

（3）模型管理模块。实现对模型的修改、导出及同步功能。

（4）教学管理模型。实现个人的在线作业、作业的发放和评阅等功能。

（5）编程 ABC 模块。分享你我他的资源，实现在线学习交流。

二、主要功能及特色

1. 全方位的教学

教学内容模型化、图形化、数字化，包括模型的理论介绍及详细讲解步骤，每个步骤的推导及演算说明、参数说明、数据、程序以及每步的计算结果和图形。

2. 可视化流程化的建模

标准化模块化的建模流程和框架，可修改原有的案例程序及数据，也可自主建模，可使用自有的 Excel、txt、mat 格式数据计算建模，也可使用 API 调用 CSMAR 数据库来数据建模。对模型最多有 10 个步骤进行灵活分解。

3. 可视化编程

从数据到程序，从中间变量到目标结果，全流程可视化，轻松有趣地学习Matlab 编程。

4. 全面的教学管理平台

教师可在线完成按班级或指定的学生群体发放模型作业，查看作业模型程序、数据和结果，以及在线交流及辅导，随时随地实现作业的收发、评阅及辅导。

5. 引导式的学习平台

模型难易分明，既可满足基本的教学需求，又可实现学生对软件、理论模型的编程开发学习，最重要的是平台上有非常贴近市场的真实案例源代码资源学习；相信能够使学者完成从基础学习到职场准备的阶梯提升计划。

6. 金融建模大赛

每年两次的金融建模大赛，能够激发学生的创新和思考问题的能力。通过 EFM 建模，能够使读者更加规范化自己的程序，规范文章内容。

■ 第二节

EFM 建模实务操作

通过 EFM，可以完整地实现程序理论背景的描述、公式的说明及具体程序的开发。该平台主要针对高校，需要通过账号登录。下面以较简单的年金模型为例进行展示。

一、模型理论的描述

研究任何一个模型，都需要对该模型有一定的理论认识。模型的理论主要包括模型背景、模型假设、模型公式和模型意义四部分。这四部分内容对于我们深入学习模型知识意义重大。以年金模型来举例，模型背景的理论介绍如下：

所谓年金是指一系列按照对等时间间隔支付的款项。

计算年金涉及的利率在计算时段内保持恒定。

$$普通年金终值 = 年金额 \times \frac{(1+利率)^{期限}-1}{利率}$$

$$普通年金现值 = 年金额 \times \frac{1-\frac{1}{(1+利率)^{期限}}}{利率}$$

$$即付年金终值 = 年金额 \times \left(\frac{(1+r)^{期限+1}-1}{利率}-1\right)$$

```
function result = Annuity1( data )   入参
%CALBETA Summary of this function goes here
%   Detailed explanation goes here
% 输入和输出解释变量说明
% val        年金额
% r          利率
% num        期限
% value      年金（包括年金终值，年金现值，即付年金终值，即付年金现值）
val = 10000; r = 0.05; num = 5;   数据集较小，可直接在程序中输入
value1 = val*((1+r)^num-1)/r;% 普通年金终值
value2 = val*(1-(1+r)^(-num))/r;% 普通年金现值
value3 = val*(((1+r)^(num+1)-1)/r - 1);% 即付年金终值
value4 = val*((1 - (1+r)^(-num+1))/r + 1);% 计算即付年金现值
% 将结果存入result里
result.value1 = value1;   结果保存在result当中
result.value2 = value2;
result.value3 = value3;
result.value4 = value4;
                result.data{1,1} = '年金额';
                result.data{1,2} = val;

                result.data{2,1} = '利率';
                result.data{2,2} = r;

                result.data{3,1} = '期限';
                result.data{3,2} = num;

                result.data{4,1} = '普通年金终值为';
                result.data{4,2} = value1;

                result.data{5,1} = '普通年金现值为';
                result.data{5,2} = value2;

                result.data{6,1} = '即付年金终值为';
                result.data{6,2} = value3;
                result.data{7,1} = '即付年金现值为';
                result.data{7,2} = value4;
                end
```

图 1-2-1　完整程序样例

$$即付年金现值 = 年金额 \times \left(\frac{1 - (1+r)^{-期限+1}}{利率} + 1 \right)$$

普通年金，又称后付年金，它是指收付时点在每一期期末的年金。

即付年金，又称先付年金，它是指收付时点在每一期起初的年金。

接下来就需要通过公式，找到数据来进行试验仿真，试验数据源文件可以是 txt、mat、xls 的格式，也可以是通过 API 提取数据的格式，通过 xml 配置文件对程序的源文件及目标数据进行指定，结果保存在 result 数据集当中。程序和 XML 文件在 Matlab 中写好以备导入，此外 XML 文件也可以在 EFM 平台中导入程序和数据后自动生成和修改。其中程序文件和 xml 文件的统一格式如图1-2-1 所示。

在这个程序当中，我们能看到一个完整的流程：

首先，程序要用统一的"function"格式，以"end"结尾，入参为"data"，data 一般是 Mat 文件的格式，在使用 data 时，要具体根据 data 的内容来取出我们需要的数据。当数据集较小时，可以直接在程序中输入参数（不推荐）。最后计算的数据结果保存在 result 当中，通过 XML 配置文件得到本地缓存。其中 XML 配置文件如图 1-2-2 所示。

```xml
<?xml version="1.0" encoding="utf-8"?>
<EFM>
    <FactorDataCfg dateListType="DateListType.Trading" localPath="pwd\CacheData" periodType="PeriodType.IFTradingPeri
    <ModelControl steps="1"/>
    <Step calculateFun="Annuity1"/>
</EFM>
```

图 1-2-2　配置文件样例

该配置文件指定了程序的步骤"steps"，每步的程序"calculateFun"以及本地缓存地址"localPath"。

二、Matlab 模型在 EFM 平台上的展示

第一步：数据结果的缓存

一个新增的模型，可以在 Matlab 中进行调试，也可以直接在 EFM 中添加

模型进行计算，然而在 EFM 中是需要通过调用 Matlab 后台程序计算的，因此一般推荐前者，具体过程如下：

首先，EFM 要使用 Matlab R2011b 以上版本，本书使用的是 Matlab R2012b，在 Matlab 中找到文件"MatlabProject"所在的文件夹，本机安装目录是"D：\Program Files\GTA. Client\MatlabProject"，将 Matlab 的"Current Folder"切换到该目录下，如图 1-2-3 所示。

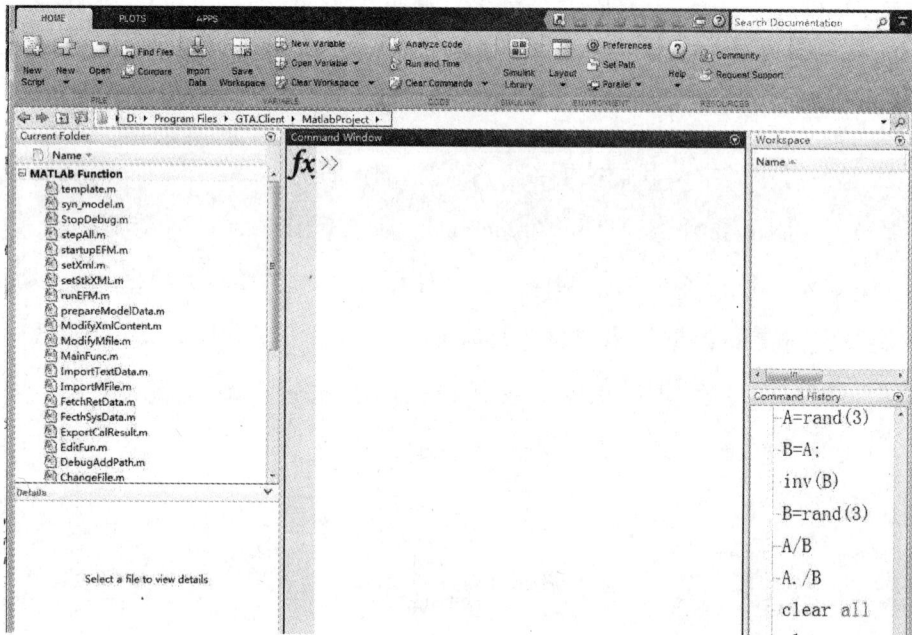

图 1-2-3　Matlab 窗口 1

其次，在该目录下运行函数：startupEFM，如图 1-2-4 所示。

再次，找到所要计算的模型（例如年金模型）的配置文件"AnnuityCfg. xml"所在的目录，并运行语句：modelCfg='D:\Program Files\GTA. Client\MatlabProject\SysModel\年金\AnnuityCfg. xml'。

最后，运行模型程序，如图 1-2-5 所示，程序运行正确，结果得到了缓存，保存在 result 中。

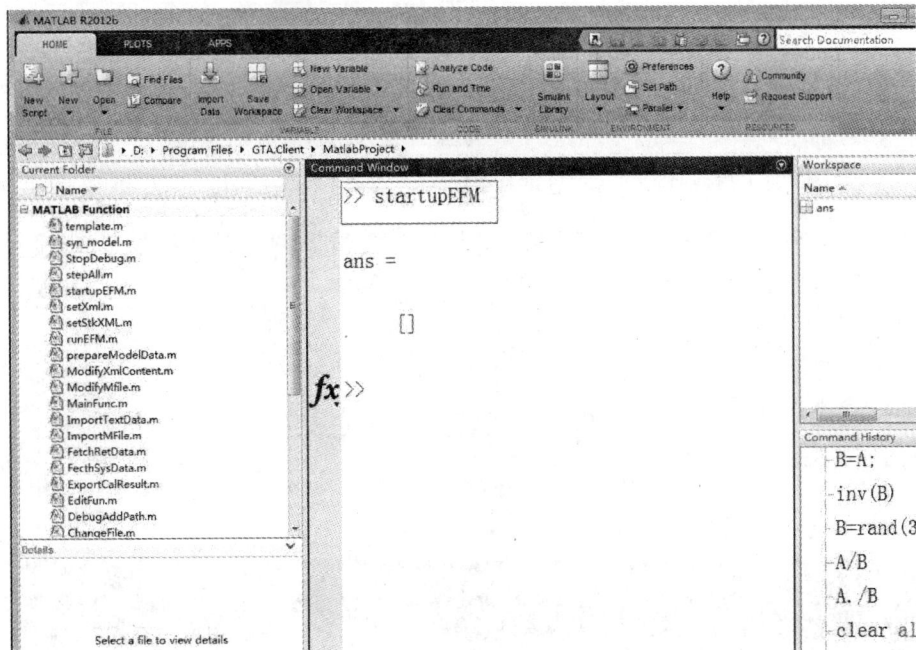

图 1-2-4 Matlab 窗口 2

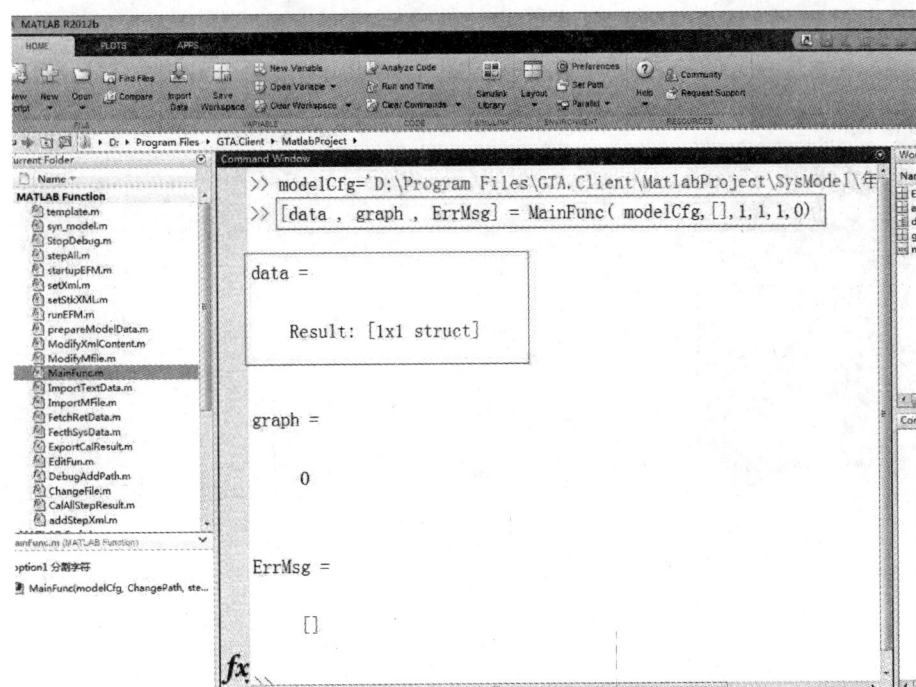

图 1-2-5 Matlab 窗口 3

第二步：模型的 EFM 平台展示

有两种方式可将模型导入 EFM：第一种是自创建模型，第二种是直接将压缩文件导入 EFM，其中压缩文件要有程序配置文件及结果集。

对于方法一，自主导入模型至 EFM，通过模型 DIY 模块的"我的模型"添加分类，例如"大赛作品"，将模型背景、假设等内容按照上述内容添加完成之后进行保存。单击"下一步"，创建步骤，并导入该步骤的 M 文件 Annuity1. m 数据及配置文件，最后保存模型，进行模型演示，可以展示计算结果。如图 1-2-6 至图 1-2-8 所示。

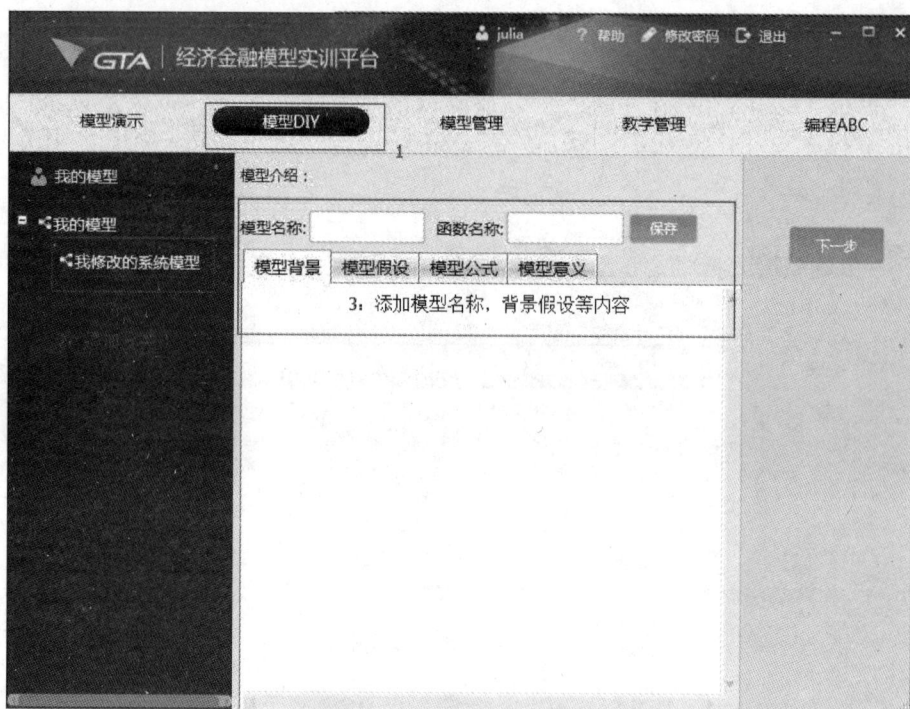

图 1-2-6　EFM 窗口 1

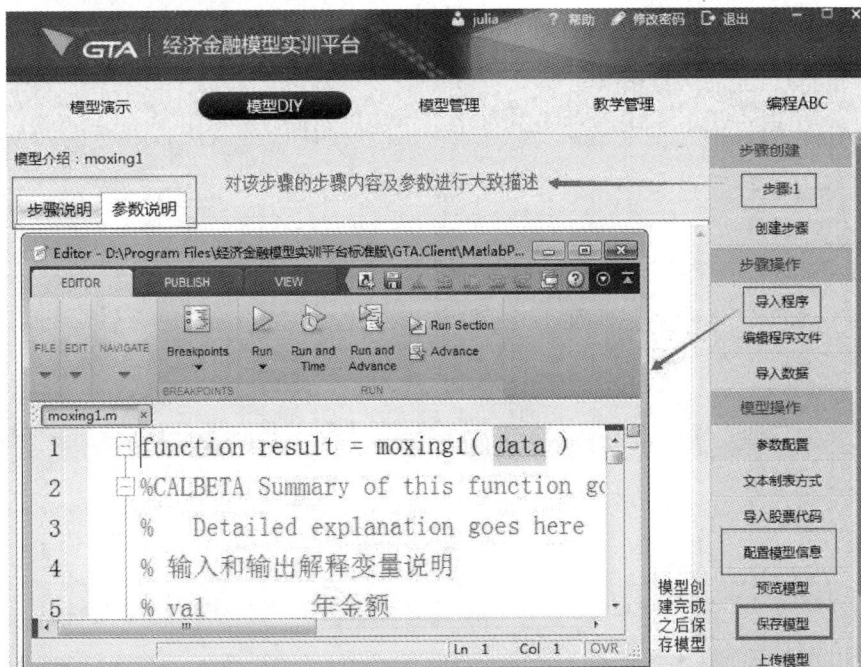

图 1-2-7　EFM 窗口 2

图 1-2-8　EFM 窗口 3

对于方法二，通过模型管理模块导入模型，在此选择刚刚结束的金融建模大赛某作品进行演示，如图 1-2-9 所示。压缩好的 zip 主要包含这样几个部分，其中条形框中是主要的部分。在模型管理模块中导入诸如此类的模型，当导入成功时，便可进行演示，如图 1-2-10 所示。

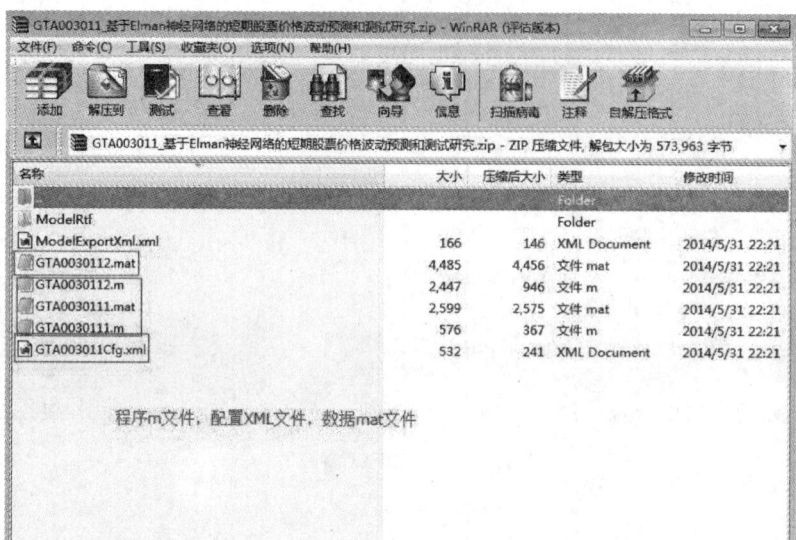

图 1-2-9 EFM 添加模型程序包样例

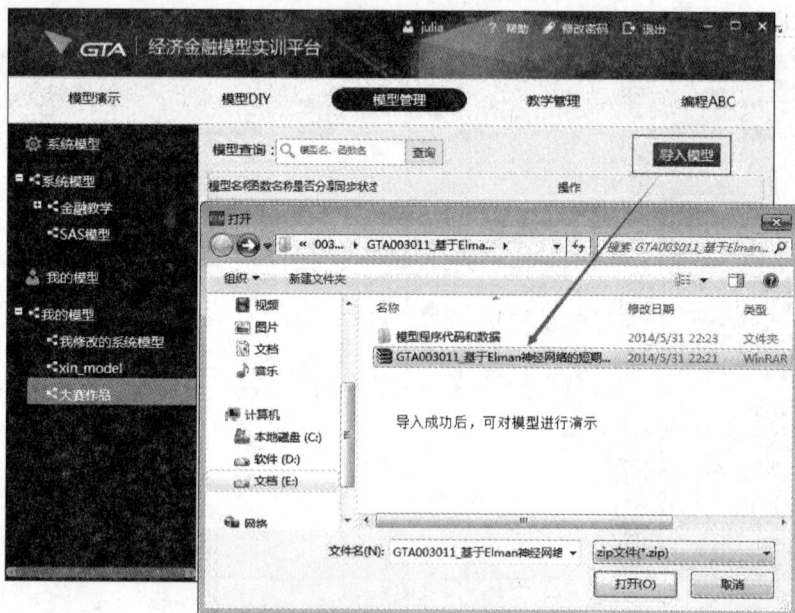

图 1-2-10 EFM 添加模型展示

三、EFM 金融建模大赛介绍

金融建模大赛是由中国量化投资研究院和深圳市国泰安信息技术有限公司联合举办的经济金融类型的建模大赛。大赛主要面向华中、华东和华北地区高等院校的对金融建模感兴趣的广大在校研究生和本科生，可自由组合成小组（不超过 3 人）参加竞赛。全程将由国内外业界知名学者及实战专家组成的专业委员会进行建模指导。

大赛为参赛者提供非常丰富的 Csmar 数据及 EFM 实训平台模型模板等资源，参赛期间也将会由国泰安的专业人员为参赛者解决各类疑难。大赛评审规则非常合理且透明，同时，赛事结束后，也会有合理的奖励措施，鼓励参赛者再接再厉，写出更好的模型。

通过建模大赛旨在：

（1）培养学者的实际搜索资料和动手的能力。

（2）深入分析前沿经典的模型，并全面掌握实战模型的 Matlab 开发技能。

（3）搜集一些更好的模型资源丰富 EFM 实训平台里的模型。

（4）挖掘和培养有志于从事金融业且具有数学或计算机基础的高端人才。

更多详细的 EFM 资源介绍请参考网站 http：//www.gtafe.com/efm/，EFM 建模大赛的赛事流程规则参考网站 http：//fmc.gtadata.com/。

本篇总结

　　理论指导实践，没有理论的指导实践也只是空谈，同时也会显得毫无根据。在本书中，无论是金融理论知识，还是软件的应用，都有非常严格的理论支持。所有经济金融模型程序的开发都是基于理论的指导，Matlab 的编程、CSMAR 数据库中数据的提取及 EFM 的展示都给出了比较具体的理论说明。

第二部分

模 型 实 战

第一章　金融学模型

第一节

现值和终值模型

一、模型背景

现值（Present Value）是指资金折算至基准年的数值，也称折现值、在用价值，是指对未来现金流量以恰当的折现率进行折现后的价值，指资产按照预计从其持续使用和最终处置中所产生的未来净现金流入量折现的金额，负债按照预计期限内需要偿还的未来净现金流出量折现的金额。

现值是现在和将来（或过去）的一笔支付或支付流在今天的价值。或理解为：成本或收益的价值以今天的现金来计量时，称为现值。当预期的现金流

35

入需要待一个时期才能收到时，或预期的现金流出需要待一个时期才会支出时，这些收入或支出的现值要比收取或支付的实际数额为少。等待的时间越长，其现值也就越小。

终值（Future Value）是指现在一定量的资金根据适当的利息率累积在未来某一时点上的价值，又称未来值、将来值或本利和。终值大小与初始投资、期限和利率同方向变化。

二、模型假设

资金会随着时间改变，其价值也发生改变，假设终值不考虑通货膨胀的影响，假设模型的终值和现值是基于复利进行计算的。

三、模型公式

用 T 表示期限，i 为该期限对应的利率，则

复利因子 $= (1 + i)^T$，

折现因子 $= 1 \div (1 + i)^T$，

终值 $FV = PV \times (1 + i)^T$，

现值 $PV = FV \div \left[(1 + i)^T \right]$。

其中，i 表示年利率，T 表示年限，计算终值时，PV 为初始资金；计算现值时，FV 为初始资金。

四、模型意义

现值和终值的概念反映了金钱的时间价值以及金融风险等诸多因素。能够得到现在的价值、最终的价值，被广泛应用于商业和经济学中。

五、步骤 1—计算现值

1. 步骤描述

本步骤的目标是计算现值，在计算现值时，须有终值、时间、利率的值。

2. 结果分析

现值的计算结果如图 2-1-1 所示。

	1	2
1	'现值'	7.8353e+03
2	'利率'	0.0500
3	'期限'	5

图 2-1-1　现值的计算结果

3. 程序文件

function result = PresentFinalValue1（data）

% 复利计算现值

% 输入输出变量解释

% val 终值

% r　利率

% num 期限

% value 现值

val = 10000；r = 0.05；num = 5；

value = val/exp（1+r）^num；

% 将结果存入 result 里

result. value = value；

```
result. data{1,1}  = '终值';
result. data{1,2}  = value;


result. data{2,1}  = '利率';
result. data{2,2}  = r;
result. data{3,1}  = '期限';
result. data{3,2}  = num;
end
```

六、步骤2—计算终值

1. 步骤描述及参数介绍

在计算终值的时候，根据终值公式须有现值、时间和利率。

2. 结果分析

终值的计算结果如图2-1-2所示。

	1	2
1	'终值'	10000
2	'利率'	0.0500
3	'期限'	5

图 2-1-2　终值的计算结果

3. 程序文件

```
function result = PresentFinalValue2 ( data )
% 复利计算终值
% 输入输出变量解释
```

% val 终值

% r 利率

% num 期限

% value 现值

value = 7835. 261 ; r = 0. 05; num = 5;

val = value * (1+r)^num;

% 将结果存入 result 里

result. val = val;

result. data{1,1} = '现值';

result. data{1,2} = value;

result. data{2,1} = '利率';

result. data{2,2} = r;

result. data{3,1} = '期限';

result. data{3,2} = num;

end

七、问题思考

问题1：如果是在连续复利情形下，那么现值和终值又该是怎样的？

提示：value = val * exp (-r * num); % 连续复利现值

value = val * exp (r * num); % 连续复利终值

问题2：上述连续复利的情形是怎么推导出来的？

提示：作为数学系的学生，可尝试用微积分的思想来求解。

第二节

单利和复利

一、模型背景

利息是指一定资金在一定时期内的收益。所以，借款人借入资金，使用一定时间后，需支付放款人报酬，此报酬称为利息。所借入的资金，称为本金；使用本金的一定时间，称为时期；在单位时期（如年、季、月等）内单位本金（如每千元或每百元）所赚的利息，称为利率。利率常以百分率（％）或千分率（‰）表示。计算利息有三个基本要素：本金、利率和时期。利息的多少与这三个要素成正比关系：本金数量越大，利率越高；存放期越长，则利息越多；反之，利息就越少。

计算利息有两种方法：单利与复利。

二、模型假设

1. 单利

单利仅在原有本金上计算利息，对本金所产生的利息不再计算利息。

2. 复利

复利的计算是对本金及其产生的利息一并计算，也就是利上有利。复利计算的特点是：把上期末的本利作为下一期的本金，在计算时每一期本金的数额是不同的。

三、模型公式

单利的计算公式：

利息＝本金×利率×时期

以符号 I 代表利息，p 代表本金，n 代表时期，i 代表利率，s 代表本利和，则有

I＝p×i×n

单利下的本金和为：S＝p×（1+n×i）；

复利下的本金和为：$S＝p×(1+i)^n$。

四、模型意义

复利计息和单利计息的差别在于，单利计算方法中期限是在括号中与年利率直接相乘；而在复利计算中，期限是作为指数，在括号之外的。如果投资的期限相同，而且投资的年利率也一样，那么前者的值要大于后者的值，因此，在复利计息方式下计算出来的到期还本付息额要大于单利方式下计算出来的数值，并且期限越长，这两个值之间的差额越大。

五、步骤—计算单利和复利下的终值

1. 步骤描述

在计算终值的时候，根据模型公式计算，需有现值、时间和利率三个量。

2. 步骤描述

单利和复利下终值的计算结果如图 2-1-3 所示。

	1	2
1	'现值'	10000
2	'利率'	0.0500
3	'期限'	5
4	'复利计算的...	1.2763e+04
5	'单利计算的...	12500

图 2-1-3　单利和复利下终值的计算结果

3. 程序文件

```
function result = SimpleCompoundInterest1 (data)
% 输入输出变量解释,这里没有 data 输入数据,可有可无 data
% val 现值
% r    利率
% num 期限
% value 终值:1 代表复利计算;2 代表单利计算
val = 10000; r = 0.05; num = 5;
value1 = val * (1+r)^num; % 复利计算
value2 = val * (1+r*num); % 单利计算
% 将结果存入 result 里
result. value1 = value1;
result. value2 = value2;
result. data{1,1} = '现值';
result. data{1,2} = val;


result. data{2,1} = '利率';
result. data{2,2} = r;


result. data{3,1} = '期限';
```

```
result. data{3,2}  = num;


result. data{4,1}  = '复利计算的现值为';
result. data{4,2}  = value1;


result. data{5,1}  = '单利计算的现值为';
result. data{5,2}  = value2;
end
```

六、问题思考

以上模型考虑的都是非连续的情形，如果将利率考虑为连续情形，那么在单利和复利的情形下，现值的公式如何，会发生什么样的变化呢？

■ 第三节

收益和风险、有效投资组合

一、模型背景

资本资产定价，是投资组合中很重要的模型之一，它也是基于有效市场假说的重要模型。资本资产定价模型是在资本的市场理论与组合投资理论的基础之上形成并且逐渐发展起来的，其研究主要是基于证券市场的，研究资产的预期收益率与风险资产之间的关系，从而找到均衡价格的形成规则。

二、模型假设

该部分的假设遵循 CAPM 模型的一些假设，有以下几点：

（1）假设投资者事先知道投资收益率的概率分布满足正态分布。

（2）对于投资者而言，他是希望财富越多越好的。效用与财富相关，而财富又是投资收益率的函数，因此可以认为效用为收益率的函数。

（3）投资风险的量化用投资收益率的标准差或方差来标识。

（4）假设投资决策的主要影响因素为风险和期望收益率两项。

（5）投资者能遵守主宰原则（Dominance Rule），即在风险水平一定的情况下，选择较高收益率的证券；在收益率水平一定的情况下，选择较低风险的证券。

附加的假设条件：

（1）在无风险折现利率 R 的水平下，可以无限制地借入或贷出资金。

（2）市场上所有投资者对证券收益率概率分布的看法一致，因此市场上的效用边界线只有一条。

（3）市场上所有投资者的投资期限是相同的，有且只有一期。

（4）任何一个投资组合里可以包括一些非整数的股份成分，所有的证券投资可以被无限制地细分。

（5）假设交易过程中出现的费用和税收是可以忽略不计的。

（6）假设投资者可以免费，在第一时间获得最全面的市场信息。

（7）投资过程中不会出现通货膨胀，且折现率固定不变。

（8）投资者的预期相同，即他们对预期的收益率、收益率标准差和不同证券收益率之间的协方差的预期值相同。

以上所有假设可总结为：第一，投资者都是理性的，而且他们都会严格按照马科威茨模型的规则进行多元化的投资，并将从有效前沿的某处选择组合进行投资；第二，资本市场是完全有效的，没有任何对投资不利的因素。

三、模型公式

模型公式为：

$$E(R_i) = r_f + \beta_i^{Mkt}[E(R_{Mkt}) - r_f]$$

$$\beta_i^{Mkt} = \frac{Corr(R_i, R_{Mkt})\,Stdev(R_i)}{Var(R_{Mkt})}$$

其中，$E(R_i)$ 为期望收益率，r_f 为无风险收益率，$E(R_{Mkt})$ 为市场期望收益率，β_i^{Mkt} 为回归系数：市场收益率与回报率的线性关系。

四、模型意义

CAPM 模型事实上给出了一个非常简单的结论：只有当投资者投资风险较高的股票时，才会获得更高的回报。在 CAPM 模型下，有效投资组合即为市场投资组合。

五、步骤1—计算回归系数 beta

1. 步骤描述

线性回归系数 beta 利用最小二乘法得到。

2. 结果分析

回归系数 beta 的计算结果如图 2-1-4 所示。

	1	2
1	'beta值'	-0.0102

图 2-1-4　回归系数 beta 的计算结果

3. 程序文件

```
function result = RiskProfitPort1 (data)
    input = data. Rtn_DAY01. data;
    % X 为解释变量, Y 为被解释变量
    % covx_y 是 X 与 Y 之间的协方差
    % beta 是线性回归系数
    X = input(:,1);
    Y = input(:,2);
    % 变量 X 与 Y 之间的协方差
    covx_y = mean(X. * Y)-mean(X) * mean(Y);
    beta = covx_y/(sqrt(var(X) * var(Y)));

    result. data{1,1} = 'beta 值';
    result. data{1,2} = beta;

end
```

六、步骤2—计算预期收益

1. 步骤描述

根据 beta 利用公式计算预期收益，在这个模型假设下，有效投资组合即为市场投资组合。

2. 结果分析

预期收益的计算结果如图 2-1-5 所示。

	1	2
1	'beta值'	-0.0102
2	'无风险利率'	0.0300
3	'市场均值'	4.1296e-04
4	'预期回报'	0.0303
5	'在CAPM模型下，有效投资组合即为市场投组'	[]

图 2-1-5　预期收益的计算结果

3. 程序文件

```
function result = RiskProfitPort2（data）
input = data. Rtn_DAY01. data；
    % X 为解释变量，Y 为被解释变量
    % covx_y 是 X 与 Y 之间的协方差
    % beta 是线性回归系数
    X = input(:,1)；
    Y = input(:,2)；
    % 变量 X 与 Y 之间的协方差
    covx_y = mean(X. * Y)-mean(X) * mean(Y)；
    beta = covx_y/(sqrt(var(X) * var(Y)))；
    % riskfree 无风险利率
    riskfree = 0. 03；
    avgMkt = nanmean(Y)；

    ERtn = riskfree+beta * (avgMkt-riskfree)；
    % 将结果返给 result
    result. beta = beta；
    result. riskfree = riskfree；
    result. avgMkt = avgMkt；
```

```
result. data{1,1} = ' beta 值';

result. data{1,2} = beta;

result. data{2,1} = '无风险利率';

result. data{2,2} = riskfree;


result. data{3,1} = '市场均值';

result. data{3,2} = avgMkt;


result. data{4,1} = '预期回报';

result. data{4,2} = ERtn;


result. data{5,1} = '在 CAPM 模型下,有效投资组合即为市场投资组合';
end
```

七、问题思考

在此模型中，我们看出，无风险利率是在模型中指定的，那么在实际过程中，无风险利率到底该怎么去根据不同的投资模型来确定呢？

本章小结

本章所讲的模型是金融模型中比较常见的一类模型。这些金融模型往往都有一些假设条件，如时间是否连续、经济量是否在途中发生改变等。在模型开发中，都是将条件理想化了，在实际当中有时是无法达到该要求的，但是通过模型的展示、数据的解释，模型将变得更加有意义。

公司财务模型

折现现金流估值法

一、模型背景

折现现金流估值法是绝对估值法的一种，是理论上最科学、最准确的一种估值法。实践中由于诸多变量选择的困难，使其应用有很大的局限性，也大大降低了其准确度。尽管如此，折现现金流估值法仍是价值投资者应该学习、了解的一种估值法。

折现现金流估值法是建立在企业价值等于未来会产生的自由现金流的折现值总和的基础之上的。首先预测企业未来的现金流量和风险，其次据此选择合理的贴现率，最后将未来的现金流量除以贴现率折合成现值。但是，使用此法也有一些需注意的问题：①需预测企业未来存续期各年度的现金流量；②折现过程中，要找到一个合理的折现率，一般来说风险越大，折现率就要越高；反之亦然。

二、模型假设

折现现金流估值法是建立在完全市场的基础之上的，应用的前提条件是希望企业的经营是有规律的并且经营范围能被控制，主要包括：

（1）资本市场满足有效市场假说，资产的价格能够用来反映资产的价值。企业能按照资本市场上的利率，能筹集到足够的资金，并且资本市场能按照股东所承担的系统风险来提供资金相关的报酬。

（2）企业在市场上的经营环境是相对稳定的，只要能按照科学的方法进行预测，那么得出的结论就会比较接近企业的实际情况，即科学的预测方法能有效预防经营环境中的一些不确定因素，从而使预测模型变得更加科学。

（3）企业的经营情况是不可逆的，企业的投资及融资决策不可更改，即一旦做出了决策，就要实施下去。与此同时，企业要满足持续性经营的假设，即便存在特殊的情况，企业也要一直经营下去。

（4）假设投资者的预测是没有偏差的，投资者往往也都是理性的，同时可以利用一切能利用的企业信息进行投资决策。也就是对于同一企业来说，不同投资者的投资决策往往是相同的。

三、模型公式

模型公式为：

$$p = \sum_{t=1}^{n} \frac{CF_t}{(1+r)^t}$$

其中，P为企业的折现评估值；n为资产（企业）的寿命；CF_t为资产（企业）在t时刻产生的现金流量值；r为反映预期现金流的折现率。

四、模型意义

折现现金流估值法的原理很简单，它主要是利用权衡的方式，为收购而投入的现金量产生的投资在所有未来可能会产生的时间和净现金量来计算的。通过这一计算可得到内部收益率（IRR），也就是说现金流入量的现值为在现金流出量时产生的现值时而得到的内涵折现率。

此外，未来的现金流量也可以折算成现值，并和原始的投资进行比较。这一计算得到的是净现值（NPV），即在现值的情形下由支出和预期金额之间的差额得到。

折现现金流估值法最主要的缺点是它对现金流量的估计和预测中固有的不确定性。由于该模型必须对许多的如市场、定价、竞争、产品、管理、经济状况和利率等一些条件做出假定，因此准确性会减弱。但是，在每次的并购中，人们都应当优先去使用现金流量折现方法。因为它能够把注意力集中到最重要的假设和不确定性问题上，能弥补那些假定带来的困扰。尤其是把它用于为买方确定的最高定价时，其结果会具有更高的参考应用价值。

因为折现现金流估值法的理论是比较健全的，因此在西方企业的价值评估中运用得最广泛。但是，在国内企业价值的评估中却会受到限制。现金流量折现法要求对未来现金流量做出预测，而我国现行的企业会计制度很难准确地做到这一点。从理论上讲，只有当市场比较完善、会计制度比较健全、信息披露能够较真实地反映企业过去和现状的时候，运用这种方法才会比较合理。目前，虽然在我国这种时机还不够成熟，但是一直以来，理论界和实务界都在做尝试。而从长远来看，这种方法也是有其优势的。

根据巴菲特的估值方法我们选用现金流量折现法，唯一需要指出的是，巴菲特认为应该用所有者收益取代现金流量，两者的区别在于所有者收益是否包括了企业为维护长期竞争优势地位而支付的资本性支出。

五、步骤1—计算每年贴现值

1. 步骤描述

假定公司 A 预期未来五年能产生的现金流为 100 万元、110 万元、120 万元、130 万元、140 万元，使用 15% 的贴现率，计算每年的贴现值。

2. 结果分析

每年贴现值的计算结果如图 2-2-1 所示。

	1	2	3	4	5	6
1	'年份'	1	2	3	4	5
2	'当年现金流...	86.9565	83.1758	78.9019	74.3279	69.6047

图 2-2-1　每年贴现值的计算结果

3. 程序文件

function result = DCF1 (data)

      % 将结果返给 result

      %此程序用于计算现金流折现估值,计算每年的贴现值

      %输入输出变量解释

      %money_flow　　　　　　　预期未来几年能产生的现金流

      %discount_rate　　　　　　贴现率

      %value　　　　　　　　　未来几年每年的贴现值

      money_flow = cell2mat (data. MAT. data (2 : end, 1)) ;

      discount_rate = cell2mat (data. MAT. data (2, 2)) ;

      if discount_rate <= 0

```
        disp('贴现率必须大于 0')
        value = [ ];
        return;
    end
    n = length(money_flow);
    for i = 1:n
        value(i) = money_flow(i)/((1+discount_rate).^i);
    end
    year = 1:length(value);
    year_value = [year;value];
    list = {'年份';'当年现金流贴现到现在的价值'};
    list_data = num2cell(year_value);
    result. data = [list list_data];

end
```

六、步骤2—计算贴现到现在的贴现值

1. 步骤描述

假定公司 A 预期未来五年能产生的现金流为：100 万元、110 万元、120
万元、130 万元、140 万元，使用 15%的贴现率，计算贴现到现在的贴现值。

2. 结果分析

贴现到现在的贴现值的计算结果如图 2-2-2 所示。

1	2
'现金流贴现到现在的价值'	'392.9669'

图 2-2-2　贴现到现在的贴现值的计算结果

3. 程序文件

```
function result = DCF2(data)


    % 将结果返给 result
    % 此程序用于计算现金流折现估值,计算每年的贴现值
    % 输入输出变量解释
    % money_flow              预期未来几年能产生的现金流
    % discount_rate           贴现率
    % value                   未来几年每年的贴现值
    money_flow = cell2mat(data.MAT.data(2:end,1));
    discount_rate = cell2mat(data.MAT.data(2,2));
    if discount_rate <= 0
        disp('贴现率必须大于 0')
        value = [];
        return;
    end
    n = length(money_flow);
    for i = 1:n
    value(i) = money_flow(i)/((1+discount_rate).^i);
    end
    value = sum(value);
    result.graph = [];
    result.data{1,1} = ['现金流贴现到现在的价值'];
    result.data{1,2} = num2str(value);


end
```

七、问题思考

以上模型是一种固定资产的贴现问题，而对于有价债券的贴现问题，由于面值通常和购买价格是不同的。如假设某款债券还有 3 年到期，其面值为1000 元，票面利率为 10%，每年付息一次，该款债券的当前市价是 900 元。试计算该债券的到期收益率。

■ 第二节
现金管理模型

一、模型背景

我国实行的是现金管理，结合执行国家对信贷与结算的其他有关规定，可以使中国人民银行成为国民经济的信贷中心、结算中心与现金出纳中心，充分发挥银行对国民经济各部门的监督作用。对于防范与打击非法分子进行贪污盗窃、投机倒把，保卫社会主义的经济建设都具有重要的意义。

中国的现金管理始于 1950 年 4 月 7 日政务院公布的《关于实行国家机关现金管理的决定》。1977 年 11 月 28 日国务院颁布《关于实行现金管理的决定》，这是中国现金管理制度的基础。

二、模型假设

一般而言，企业会编制未来 6~12 个月的现金预算，再针对一个月编制更为详尽的每周或每日预算。每月预算可以规划现金收支，而每周或每日预算则用来控制实际的现金收支。

三、模型公式

模型公式为：

$$现金周转率 = \frac{日历天数（360）}{现金周转期}$$

$$最佳现金持有量 = \frac{预测期年现金需求额}{现金周转率}$$

$$Q = \sqrt[3]{\frac{3F\sigma^2}{4K}} + L$$

$$H = 3Q - 2L$$

其中，Q 为最优现金返回线；F 为每次有价证券的固定转换成本；σ^2 为预期每日现金余额变化的标准差；K 为有价证券的日利率；H 为现金控制上限。

四、模型意义

现金是企业资产中流动性最强的资产，是持有一定数量的现金企业开展正常生产活动的基础，是保证企业避免支付危机的必要条件；同时，现金又是获利能力最弱的一项资产，过多地持有现金会降低资产的获利能力。

现金管理主要指交易性现金的管理，其管理目标为：①在满足需要的基础上尽量减少现金的持有量。②加快现金的周转速度。

五、步骤 1—货币资金周转期

1. 步骤描述

货币资金周转期=存货平均周转天数+应收账款平均收款天数-应付账款平均天数

2. 结果分析

货币资金周转期的计算结果如图 2-2-3 所示。

	1	2
1	'货币资金周转期(天)'	120

图 2-2-3　货币资金周转期的计算结果

3. 程序文件

```
function result = cash_management1( data )


    % CALBETA Summary of this function goes here

    % Detailed explanation goes here


    % 将结果返给 result
    % Step1:计算货币资金周转期
    m1 = cell2mat( data. MAT. data( 2,1:end) );
    Monetary_fund_turnover_period = m1( :,4)+m1( :,2)-m1( :,3);
    % 将结果返给 result
    % 输出项
    result. data{1,2} = Monetary_fund_turnover_period;
    result. data{1,1} = '货币资金周转期(天)';


end
```

六、步骤2—货币资金周转率

1. 步骤描述

货币资金周转率=日历天数÷现金周转期

2. 结果分析

货币资金周转率的计算结果如图2-2-4所示。

	1	2
1	'货币资金周转率(次)'	3

图2-2-4 货币资金周转率的计算结果

3. 程序文件

```
function result = cash_management2( data )


% CALBETA Summary of this function goes here
% Detailed explanation goes here


% 将结果返给 result
m1 = cell2mat( data. MAT. data( 2,1:end ) );
%Step2:货币资金周转率
Monetary_fund_turnover_period = m1( :,4 )+m1( :,2 )-m1( :,3 );
Monetary_capital_turnover = 360/Monetary_fund_turnover_period;
% 将结果返给 result
% 输出项
```

result. data$\{1,2\}$ = Monetary_capital_turnover;

result. data$\{1,1\}$ = '货币资金周转率(次)';

end

七、步骤3—最佳货币资金持有量

1. 步骤描述

最佳货币资金持有量=预测期年现金需求额÷现金周转率

2. 结果分析

最佳货币资金持有量的计算结果如图2-2-5所示。

	1	2
1	'最佳货币资金持有量(万元)'	240

图2-2-5 最佳货币资金持有量的计算结果

3. 程序文件

```
function result = cash_management3(data)

    % CALBETA Summary of this function goes here
    % Detailed explanation goes here

    % 将结果返给 result
    m1 = cell2mat(data. MAT. data(2,1:end));
    %%Step3:计算最佳货币资金持有量
    Monetary_fund_turnover_period = m1(:,4)+m1(:,2)-m1(:,3);
```

Monetary_capital_turnover = 360/Monetary_fund_turnover_period;

best_monetary_fund_holdings = m1(:,1)/Monetary_capital_turnover;

% 输出项

result. data{1,2} = best_monetary_fund_holdings;

result. data{1,1} = '最佳货币资金持有量(万元)';

end

八、步骤4—有价证券日利率

1. 步骤描述

有价证券日利率=年利率÷日历天数（360）

2. 结果分析

有价证券日利率的计算结果如图2-2-6所示。

	1	2
1	有价证券日利率	0.025%

图2-2-6　有价证券日利率的计算结果

3. 程序文件

function result = cash_management4(data)

% 将结果返给 result

m2 = cell2mat(data. MAT. data(2,1:end));

%Step4:计算有价证券日利率

Securities_daily_rate = (m2(:,1)/360);

Securities_daily_rate1 = [num2str(Securities_daily_rate * 100) ,'%'] ;

% 输出项

result. data{1,2} = Securities_daily_rate1 ;

result. data{1,1} = '有价证券日利率' ;

end

九、步骤 5—最优现金返回线 Q

1. 步骤描述

最优现金返回线 $Q = \sqrt[3]{\dfrac{3F\,\sigma^2}{4K}} + L$

其中，F 为每次有价证券的固定转换成本；σ^2 为预期每日现金余额变化的标准差；K 为有价证券的日利率；L 为银行活期存款及现金余额最小量。

2. 结果分析

最优现金返回线的计算结果如图 2-2-7 所示。

	1	2
1	'最优现金返回线(元)'	5.5789e+03

图 2-2-7 最优现金返回线的计算结果

3. 程序文件

function result = cash_management5(data)

    % 将结果返给 result

    m2 = cell2mat(data. MAT. data(2,1:end)) ;

%计算最优现金返回线 Q

Securities_daily_rate = (m2(: ,1)/360) ;

Q = (3 * m2(: ,2) * m2(: ,4) . ^2/(4 * Securities_daily_rate)) . ^(1/3) + m2(: ,3) ;

% 输出项

result. data{ 1 ,2} = Q ;

result. data{ 1 ,1} = '最优现金返回线(元) ' ;

end

十、步骤 6—现金控制上限 H

1. 步骤描述

H = 3Q-2L

其中，Q 为最优现金返回线；L 为银行活期存款及现金余额最小量。

2. 结果分析

现金控制上限的计算结果如图 2-2-8 所示。

	1	2
1	'现金控制上限(元)'	1.4737e+04

图 2-2-8　现金控制上限的计算结果

3. 程序文件

function result = cash_management6(data)

%CALBETA Summary of this function goes here

```
% Detailed explanation goes here

% 将结果返给 result

m2 = cell2mat( data. MAT. data( 2,1:end) ) ;

%Step4:计算有价证券日利率

Securities_daily_rate = ( m2( :,1)/360) ;

Q = ( 3 * m2( :,2) * m2( :,4) . ^2/( 4 * Securities_daily_rate) ) . ^( 1/3) +
m2( :,3) ;

H = 3 * Q-2 * m2( :,3) ;

% 输出项

result. data{ 1,2} = H;

result. data{ 1,1} = '现金控制上限(元)';


end
```

十一、问题思考

现金是企业资产中流动性最强的资产，又是获利能力最弱的一项资产，过多地持有现金会降低资产的获利能力。如何根据流动性的指标来对现金进行合理地分配、管理，如何才能加快现金的周转速度是我们对现金进行管理的最终目的。尤其是当企业在遇到一些未知或不可抗力的因素影响时，现金管理显得尤其重要。

本章小结

公司财务相关的模型，侧重于对财务指标的理解，不同指标之间的相互关系，如何通过其中几个指标推算出其他的指标是本章的重点。

第三章

财务报表分析模型

■ 第一节

经济增加值

一、模型背景

经济增加值（Economic Value Added，EVA），也称经济附加价值，是由美国著名的学者 Stewart 提出的，由著名的"思腾思特咨询公司"（美国，Stern Stewart & Co.）注册并且实施的以经济附加值的理念为基础而得的财务管理系统，例如 ERP、决策机制和激励报酬相关制度。并且，它是基于税后营业的净利润以及产生这些利润时所需投入的资本总成本的一种很好的企业绩效财务评价的方法。

二、模型假设

假设在此过程中资本等指标不会发生改变。

三、模型公式

经济附加价值=税后营业的净利润−资本的总成本　或者

经济附加价值=税后营业的净利润−资本×资本的成本率

四、模型意义

EVA 其实是对真正的"经济"利润的评价，也就是表示净营运的利润和投资者投资的其他有价证券的最低回报相比，能帮你更好地权衡利弊，从而为避免获得边度报酬而忽略了长期发展。

五、步骤1—计算税后营业净利润和资本费用

1. 步骤描述

税后营业净利润=销售收入+生产成本（带负号则为−）+管理费用+eva 调整+运营所得税（带负号）

资本费用=资本×资本成本率

2. 结果分析

税后净利润和资本费用的计算结果如图 2-3-1 所示。

	1	2
1	'税后营业净利润'	300
2	'资本费用'	225

图 2-3-1　税后营业净利润和资本费用的计算结果

3. 程序文件

```
function result = EVA1（data）
    %NOPAT 税后营业净利润
    %CapCost 资本费用


    Data = cell2mat（data. MAT. data（:,2））；
    % 税后营业净利润 = 销售收入+生产成本（带负号则为-）+管理费用
    % +eva 调整+运营所得税（带负号）
    result. NOPAT = Data（1）+Data（2）+Data（3）+Data（4）+Data（5）；
    % 资本费用=资本 * 资本成本率
    result. CapCost = Data（6）* Data（7）；


    result. data{1,1} = '税后营业净利润'；
    result. data{1,2} = result. NOPAT；


    result. data{2,1} = '资本费用'；
    result. data{2,2} = result. CapCost；


end
```

六、步骤2—计算经济增加值

1. 步骤描述

经济增加值=税后营业净利润−资本×资本的成本率。

2. 结果分析

经济增加值的计算结果如图2-3-2所示。

	1	2
1	'经济增加值'	75

图2-3-2　经济增加值的计算结果

3. 程序文件

```
function result = EVA2（data）

    %NOPAT        税后营业净利润

    %CapCost      资本费用

    % EVA         经济增加值

    Data=cell2mat（data. MAT. data（：,2））；

    NOPAT=Data（1）+Data（2）+Data（3）+Data（4）+Data（5）；

    CapCost=Data（6）∗Data（7）；

    result. EVA=NOPAT−CapCost；

    result. data｛1,1｝ = '经济增加值'；

    result. data｛1,2｝ = result. EVA；


end
```

七、问题思考

在实际计算中，EVA 只是通过一些简单的四则运算得到的，然而怎样才能得到计算 EVA 所需要的那些经济指标呢，这也是学习金融财务的前提：要学会读取数据！

■ 第二节

标准成本差异分析

一、模型背景

标准成本差异是指产品的实际成本与产品的标准成本之间的差额。

二、模型假设

本模型无假设条件。

三、模型公式

标准成本差异 ＝ 产品的实际成本 － 产品的标准成本

标准成本差异一般分为数量差异和价格差异两种。计算标准成本差异时，可按下列公式计算：

成本差异 ＝ 价格差异 ＋ 数量差异

成本差异 ＝ 实际数量 × 实际价格 － 标准数量 × 标准价格

价格差异 ＝ （实际价格 － 标准价格） × 实际数量

数量差异 =（实际数量 − 标准数量）× 标准价格

四、模型意义

首先，便于成本核算；其次，便于分清各成本中心的责任；再次，便于成本控制；最后，提高决策的准确性和有效性。

五、步骤1—计算成本、用量和价格的差异

1. 步骤描述

利用公式分别计算材料的成本、用量和价格的差异，其中需要知道变量的实际价格、标准价格和实际数量。

2. 结果分析

成本、用量和价格差异的计算结果如图 2-3-3 所示。

	1	2
1	'材料成本差异'	-496
2	'材料用量差异'	120
3	'材料价格差异'	-616

图 2-3-3　材料的成本、用量和价格差异的计算结果

3. 程序文件

```
function result = AnalOfStandCostVar1（data）
```

```
Data=cell2mat(data. MAT. data(：,2))；
```

%按照公式计算各个指标

```
result.materialCostVar = Data(3) * Data(4) - Data(1) * Data(2);

result.materialUseVar = (Data(3) - Data(1)) * Data(2);

result.materialPriceVar = (Data(4) - Data(2)) * Data(3);


result.data{1,1} = '材料成本差异';

result.data{1,2} = result.materialCostVar;


result.data{2,1} = '材料用量差异';

result.data{2,2} = result.materialUseVar;


result.data{3,1} = '材料价格差异';

result.data{3,2} = result.materialPriceVar;

end
```

六、问题思考

计算目标变量对实际的成本控制及核算的具体指导意义，是我们计算完成之后需要进一步分析的，同时这些价格差异对下一阶段的成本预算也具有一定的参考价值。

■ 第三节
生产作业分析

一、模型介绍

作业分析也称操作分析（Operation Analysis），通过对以人为主工序的详细研究，使得作业者、作业对象、作业工具三者能够被科学合理地布置和安排，以达到工序结构的合理，减少劳动的强度、降低作业工时的消耗、节省整个作业的时间，最终以提高产品的产量和质量为目的而做出的分析，被称为作业分析。

二、模型假设

假设在人员操作中不会受到外界未知因素的干扰。

三、模型公式

1. 最小批量法

此方法是以保证设备的合理利用为基础而确定批量的计算方法之一。

$$Q_{min} = \frac{T_{zj}}{t \times \delta}$$

其中，Q_{min} 为最小批量条件下的生产批量；T_{zj} 为设备调整时间（准备结束时间）；t 为单件时间；δ 为调整设备时允许的时间损失系数，在 0.0~0.15 选取。

2. 经济批量法

经济批量法是一种根据费用来确定合理批量的方法。

$$E = E_1 + E_2 = nC/2 + (Q/n) \times A$$

$$n = \sqrt{\frac{2QA}{C}}$$

其中，n 为经济的批量；Q 为产品全年的计划产量；A 为设备调整一次所需要的费用（元/次）；C 为单位产品所需要的平均年保管费用（元/年件）。

3. 以期定量法

$$Q = TR$$

其中，Q 为批量；T 为生产间隔期；R 为平均日产量。

四、模型意义

通过优化工序结构，可以达到提高产品的质量和产量的目的。

五、步骤 1—每个工序的最小批量

1. 步骤描述

利用公式计算最小批量，需知以下的量：

（1）T_{zj} 为设备调整时间。

（2）t 为单件时间。

（3）δ 为调整设备时允许的时间损失系数。

2. 结果分析

每个工序的最小批量的计算结果如图 2-3-4 所示。

	1	2
1	'工序一的最小批量是'	40
2	'工序二的最小批量是'	120
3	'工序三的最小批量是'	60

图 2-3-4　每个工序的最小批量的计算结果

3. 程序文件

function result ＝ operationAnalysis1（data）

　　% 将结果返给 result

　　%将 cell 转化成 double

```
data_double = cell2mat(data. MAT. data(2:end,2:end));
%设定时间损失系数
sig = 0.05;
%% 分别利用公式计算 = 设备调整时间/(单件时间 * 损失系数)
%计算工序一的经济批量
result. first = data_double(1,2)/data_double(1,1)/sig;
% 计算工序二的经济批量
result. second = data_double(2,2)/data_double(2,1)/sig;
%计算工序三的最小批量
result. third = data_double(3,2)/data_double(3,1)/sig;


result. data{1,1} = '工序一的最小批量是';
result. data{1,2} = result. first;


result. data{2,1} = '工序二的最小批量是';
result. data{2,2} = result. second;


result. data{3,1} = '工序三的最小批量是';
result. data{3,2} = result. third;


end
```

六、步骤2—经济批量

1. 步骤描述

利用公式来计算经济批量，需知以下的量：

（1）Q 为产品全年的计划产量。

（2）A 为设备调整一次所需要的费用（元/次）。

（3）C 为单位产品所需要的平均年保管费用（元/年件）。

（4）n 为经济的批量（最终计算结果）。

2. 结果分析

经济批量的计算结果如图 2-3-5 所示。

	1	2
1	'经济批量'	2000

图 2-3-5　经济批量的计算结果

3. 程序文件

```
function result = operationAnalysis2（data）


    % 将结果返给 result
    %将 cell 转化成 double
    data_double = cell2mat(data. MAT. data(2:end,2:end))；
    %设定年总产量,设备调整费用,每件产品平均保管费
    total_prod = data_double(1)；
    adj_fee = data_double(2)；
    restore_fee = data_double(3)；
    %计算经济批量
    result. economic_lot = sqrt(2 * total_prod * adj_fee/restore_fee)；


    result. data{1,1} = '经济批量'；
    result. data{1,2} = result. economic_lot；


end
```

七、步骤 3—以期定量法的批量

1. 步骤描述

利用公式计算以期定量法的批量，需知以下的量：

（1）T 为生产间隔期。

（2）R 为平均日产量。

（3）Q 为批量。

2. 结果分析

以期定量法的批量的计算结果如图 2-3-6 所示。

	1	2
1	'以期定量法-批量'	2000000

图 2-3-6　以期定量法的批量的计算结果

3. 程序文件

```
function result = operationAnalysis3 (data)

    % 将结果返给 result
    %将 cell 转化成 double
    data_double = cell2mat(data. MAT. data(2:end,2:end));
    %设定生产间隔期,平均日产量
    interval = data_double(1);
    day_yield = data_double(2);
    %计算批量
    result. Q = interval * day_yield;
```

$$result.\,data\{1,1\} \;=\; '以期定量法-批量';$$

$$result.\,data\{1,2\} \;=\; result.\,Q;$$

end

八、问题思考

产品的质量和产量是我们对产品的要求，在此过程中，怎样更好地去优化工序结构，才能达到此目的？

■ 第四节

成本的归集和分配

一、模型背景

生产过程中所发生的各种费用，是按照一定的对象，例如各种产品、作业以及各个车间部门所需进行的分类和汇总。首先通过成本的归集，可以求出各个对象的成本总额，然后为进一步计算出各完工产品的成本提供依据。对于直接人工、直接材料，应按照成本的计算对象，如产品的批别、品种、生产加工的步骤进行归集。而对于制造产生的费用、废品的损失等，应按照发生地点或者用途进行归集，最后再计入各产品的成本。

二、模型假设

成本计算的过程实际上就是成本的分配和归集的过程，生产经营中产生的成本要通过多次分配和归集，才能计算出产品的单位成本和总成本。

三、模型公式

1. 生产费用的归集和分配

计算公式如下：

制造费用的分配率＝制造费用的总额÷所有产品的实用（定额、机器）工时之和

产品需要负担的制造费用＝该种产品的实用工时数×产品的分配率。

2. 完工产品和在产品相关的成本分配

约当产量是指在产品按照其完工的程度折合成完工产品的产量。例如，在产品有 10 件，平均完工程度为 40%，那么约当于完工产品有 4 件。按约当产量比例分配的方法，就是将月末结存的一些在产品，按照其完工程度折合成约当产量。接下来再将产品应负担的全部生产费用，按照完工产品的产量和在产品的约当产量的比例从而进行费用分配的一种方法。

计算公式如下：

在产品的约当产量＝在产品的数量×完工程度

单位成本额＝（月初的在产品成本额+本月发生生产的费用）÷（产成品的产量+月末在产品的约当产量）

产成品的成本额＝单位成本额×产成品的产量

月末在产品的成本＝单位成本×月末在产品的约当产量

四、模型意义

从一定意义上来讲，产品成本的计算，实际上就是成本归集与成本分配两项工作，因为费用的归集与分配是计算产品成本的基础和前提。先进行成本归集，然后再对成本进行分配。

成本的归集与分配之间的关系非常密切，错综复杂。正确的成本归集是保

证成本质量的关键。为了能够正确地核算出产品成本，企业应当考虑设置"生产成本"与"制造费用"等与成本相关的账户。在归集与分配费用的时候，凡属于直接费用的均要直接计入成本核算对象，间接费用应当选择合理的分配标准来计入相关的成本核算对象。

五、步骤 1—计算甲、乙产品分配的制造费用

1. 步骤描述

（1）费用分配率＝制造的费用总额÷所有产品的实用的（定额、机器）工时之和

（2）产品制造费用＝该种产品实用工时数×费用分配率

2. 结果分析

甲、乙产品分配的制造费用的计算结果如图 2-3-7 所示。

	1	2
1	'制造费用分配率'	0.4100
2	'甲产品制造费用(元)'	22960
3	'乙产品制造费用(元)'	13120

图 2-3-7 甲、乙产品分配的制造费用的计算结果

3. 程序文件

```
function result＝The_collection_and_distribution_costs1（data）
```

　　% 将结果返给 result

　　%生产费用的归集和分配

　　%导入数据

```
shuju = cell2mat( data. MAT. data( 2,1 :end) ) ;
%Step1:计算甲乙分配制造费用
factor_rate = shuju( :,3)/( shuju( :,1)+shuju( :,2) ) ;


%甲产品制造费用
manufacturing_expenses_jia = shuju( :,1) * factor_rate ;


%乙产品制造费用
manufacturing_expenses_yi = shuju( :,2) * factor_rate ;
result. factor_rate = factor_rate ;
result. manufacturing_expenses_jia = manufacturing_expenses_jia ;
result. manufacturing_expenses_yi = manufacturing_expenses_yi ;
%结果存入 result
result. data{1,2} = factor_rate ;
result. data{2,2} = manufacturing_expenses_jia ;
result. data{3,2} = manufacturing_expenses_yi ;
result. data{1,1} = '制造费用分配率' ;
result. data{2,1} = '甲产品制造费用(元)' ;
result. data{3,1} = '乙产品制造费用(元)' ;


end
```

六、步骤2—编制"制造费用分配表"

1. 步骤描述

制造费用分配表包括生产工时、分配金额、生产成本等变量。

2. 结果分析

"制造费用分配表"的编制结果如图 2-3-8 所示。

	1	2	3
1	'借方科目'	'生产工时'	'分配金额(分配率)'
2	'甲产品生产成本'	56000	22960
3	'乙产品生产成本'	32000	13120
4	'合计'	88000	36080

图 2-3-8 "制造费用分配表"的编制结果

3. 程序文件

```
function result = The_collection_and_distribution_costs2(data)


    % 将结果返给 result
    %生产费用的归集和分配
    %导入数据
    shuju = cell2mat(data. MAT. data(2,1:end));
    %Step2:编制"制造费用分配表"
    manufacturing_expenses_jia = data. step_1. manufacturing_...
    expenses_jia;
    manufacturing_expenses_yi = data. step_1. manufacturing_...
    expenses_yi;
    t = [shuju(:,1),manufacturing_expenses_jia;shuju(:,2),...
    manufacturing_expenses_yi;sum(shuju(:,1)+shuju(:,2)),...
    sum(manufacturing_expenses_jia+manufacturing_expenses_yi)];
    a = {'生产工时','分配金额(分配率)'};
    result_data1 = cat(1,a,num2cell(t));
```

```
b={'借方科目','甲产品生产成本','乙产品生产成本','合计'};
result_data_jia=cat(2,b,result_data1);
result.data(1,2:size(result_data_jia,2))=a;
result.data(1:size(result_data_jia,1),1)=b;
for i=2:length(result_data_jia(:,1))
for j=2:length(result_data_jia(1,:))
    result.data{i,j}=cell2mat(result_data_jia(i,j));
end
    end


end
```

七、步骤3—计算直接材料费

1. 步骤描述

直接材料费用 ＝ 材料费用×件数÷总件数

2. 结果分析

直接材料费的计算结果如图2-3-9所示。

	1	2
1	'完工产品负担的直接材料费(元)'	60600
2	'在产品负担的直接材料费(元)'	10100

图2-3-9 直接材料费的计算结果

3. 程序文件

```
function result=The_collection_and_distribution_costs3(data)
```

% 将结果返给 result

data = cell2mat(data. MAT. data(2,1:7));

%Step1：直接材料费的计算

Direct_material_cost_finished_products = data(:,4) * data(:,1)/⋯

(data(:,1)+data(:,2));

Direct_material_cost_in_products = data(:,4) * data(:,2)/(data(:,1)+⋯

data(:,2));

result. data{1,2} = Direct_material_cost_finished_products;

result. data{2,2} = Direct_material_cost_in_products;

result. data{1,1} ='完工产品负担的直接材料费(元)';

result. data{2,1} ='在产品负担的直接材料费(元)';

end

八、步骤 4—计算直接人工费

1. 步骤描述

根据公式计算直接人工费用。

2. 结果分析

直接人工费的计算结果如图 2-3-10 所示。

	1	2
1	'完工产品负担的直接人工费用(元)'	36600
2	'在产品负担的直接人工费用(元)'	3050

图 2-3-10　直接人工费的计算结果

3. 程序文件

function result＝The_collection_and_distribution_costs4(data)

　　% 将结果返给 result

　　data＝cell2mat(data. MAT. data(2,1:7));

　　%Step4：直接人工费用的计算：

　　Finished_products_of_direct_labor＝data(:,5) ∗ data(:,1)/(data(:,1)+…
　　　data(:,2) ∗ data(:,3));

　　In_products_of_direct_labor＝data(:,5) ∗ data(:,2) ∗ data(:,3)/…
　　　(data(:,1)+ data(:,2) ∗ data(:,3));

　　result. data{1,2}＝Finished_products_of_direct_labor;

　　result. data{2,2}＝In_products_of_direct_labor;

　　result. data{1,1}＝'完工产品负担的直接人工费用(元)';

　　result. data{2,1}＝'在产品负担的直接人工费用(元)';

end

九、步骤 5—计算燃料和动力费

1. 步骤描述

燃料和动力费用＝燃料动力费×件数÷总件数

2. 结果分析

燃料和动力费的计算结果如图 2-3-11 所示。

	1	2
1	'完工产品负担的燃料和动力费(元)'	78900
2	'在产品负担的燃料和动力费(元)'	6575

图 2-3-11 燃料和动力费的计算结果

3. 程序文件

```
function result = The_collection_and_distribution_costs5(data)

    % 将结果返给 result
    data = cell2mat(data. MAT. data(2,1:7));
    %Step5：燃料和动力费的计算：
    Finished_products_fuel_and_power = data(:,6) * data(:,1)/(data(:,1)+···
        data(:,2) * data(:,3));

    In_products_fuel_and_power = data(:,6) * data(:,2) * data(:,3)/···
        (data(:,1)+ data(:,2) * data(:,3));

    result. data{1,2} = Finished_products_fuel_and_power;
    result. data{2,2} = In_products_fuel_and_power;
    result. data{1,1} = '完工产品负担的燃料和动力费(元)';
    result. data{2,1} = '在产品负担的燃料和动力费(元)';

end
```

十、步骤6—计算制造费用

1. 步骤描述

制造费用=单价制造费用×件数÷总件数

2. 结果分析

制造费用的计算结果如图 2-3-12 所示。

	1	2
1	'完工产品负担的制造费用(元)'	27000
2	'在产品负担的制造费用(元)'	2250

图 2-3-12　制造费用的计算结果

3. 程序文件

```
function result = The_collection_and_distribution_costs6(data)


    % 将结果返给 result
    data = cell2mat(data.MAT.data(2,1:7));
    %Step6：制造费用的计算：
    Finished_product_manufacturing_cost = data(:,7) * data(:,1)/···
        (data(:,1) + data(:,2) * data(:,3));


    In_product_manufacturing_cost = data(:,7) * data(:,2) * data(:,3)/···
        (data(:,1) + ···data(:,2) * data(:,3));


    result.data{1,2} = Finished_product_manufacturing_cost;
    result.data{2,2} = In_product_manufacturing_cost;
    result.data{1,1} = '完工产品负担的制造费用(元)';
    result.data{2,1} = '在产品负担的制造费用(元)';


end
```

十一、步骤7—汇总甲产品完工产品成本和月末在产品成本

1. 步骤描述

单位成本＝（月初在产品成本＋本月发生的生产费用）÷（产成品的产量＋月末在产品的约当产量）

成品成本＝单位成本×产成品的产量

月末在产品成本＝单位成本×月末在产品的约当产量

2. 结果分析

完工产品和月末在产品成本的计算结果如图2-3-13所示。

	1	2
1	'甲产品本月完工产品成本(元)'	203100
2	'甲产品本月末在产品成本(元)'	21975

图2-3-13　完工产品和月末在产品成本的计算结果

3. 程序文件

function result＝The_collection_and_distribution_costs7(data)

%　将结果返给result

data＝cell2mat(data. MAT. data(2,1:7));

%Step7：汇总甲产品完工产品成本和在产品成本。

%直接材料费的计算

Direct_material_cost_finished_products＝data(:,4) * data(:,1)/···

(data(:,1)＋data(:,2));

Direct_material_cost_in_products＝data(:,4) * data(:,2)/···

$$(\text{data}(:,1) + \text{data}(:,2));$$

% 直接人工费用的计算：

$$\text{Finished\_products\_of\_direct\_labor} = \text{data}(:,5) * \text{data}(:,1) / \cdots$$

$$(\text{data}(:,1) + \text{data}(:,2) * \text{data}(:,3));$$

$$\text{In\_products\_of\_direct\_labor} = \text{data}(:,5) * \text{data}(:,2) * \text{data}(:,3) / \cdots$$

$$(\text{data}(:,1) + \text{data}(:,2) * \text{data}(:,3));$$

%燃料和动力费的计算：

$$\text{Finished\_products\_fuel\_and\_power} = \text{data}(:,6) * \text{data}(:,1) / \cdots$$

$$(\text{data}(:,1) + \text{data}(:,2) * \text{data}(:,3));$$

$$\text{In\_products\_fuel\_and\_power} = \text{data}(:,6) * \text{data}(:,2) * \text{data}(:,3) / \cdots$$

$$(\text{data}(:,1) + \text{data}(:,2) * \text{data}(:,3));$$

%制造费用的计算：

$$\text{Finished\_product\_manufacturing\_cost} = \text{data}(:,7) * \text{data}(:,1) / \cdots$$

$$(\text{data}(:,1) + \text{data}(:,2) * \text{data}(:,3));$$

$$\text{In\_product\_manufacturing\_cost} = \text{data}(:,7) * \text{data}(:,2) * \text{data}(:,3) / \cdots$$

$$(\text{data}(:,1) + \text{data}(:,2) * \text{data}(:,3));$$

$$\text{Completion\_product\_this\_month} = \cdots$$

$$\text{Direct\_material\_cost\_finished\_products} + \cdots$$

$$\text{Finished\_products\_of\_direct\_labor} + \cdots$$

$$\text{Finished\_products\_fuel\_and\_power} + \cdots$$

$$\text{Finished\_product\_manufacturing\_cost};$$

$$\text{In\_product\_this\_month} = \text{Direct\_material\_cost\_in\_products} + \cdots$$

$$\text{In\_products\_of\_direct\_labor} + \text{In\_products\_fuel\_and\_power} + \cdots$$

$$\text{In\_product\_manufacturing\_cost};$$

result. data$\{1,2\}$ = Completion_product_this_month;

result. data$\{2,2\}$ = In_product_this_month;

result. data$\{1,1\}$ = '甲产品本月完工产品成本(元)';

result. data$\{2,1\}$ = '甲产品本月末在产品成本(元)';

end

十二、步骤 8—制作汇总表格

1. 步骤描述

将上述几步计算结果汇总得到计算结果表格。

2. 结果分析

汇总结果如图 2-3-14 所示。

	1	2	3
1	[]	'完工产品'	'在产品'
2	'直接材料费'	60600	10100
3	'直接人工费'	36600	3050
4	'燃料和动力费'	78900	6575
5	'制造费用'	27000	2250
6	'总计'	203100	21975

图 2-3-14　成本项目汇总

3. 程序文件

function result = The_collection_and_distribution_costs8(data)

% 将结果返给 result

```
data = cell2mat(data. MAT. data(2,1:7));
```

%Step8：导出表格

% 直接材料费的计算：

```
Direct_material_cost_finished_products = data(:,4) * data(:,1)/…
    (data(:,1) + data(:,2));
```

```
Direct_material_cost_in_products = data(:,4) * data(:,2)/(data(:,1) +…
    data(:,2));
```

%直接人工费用的计算：

```
Finished_products_of_direct_labor = data(:,5) * data(:,1)/(data(:,1) +…
    data(:,2) * data(:,3));
```

```
In_products_of_direct_labor = data(:,5) * data(:,2) * data(:,3)/…
    (data(:,1) + data(:,2) * data(:,3));
```

%燃料和动力费的计算：

```
Finished_products_fuel_and_power = data(:,6) * data(:,1)/(data(:,1) +…
    data(:,2) * data(:,3));
```

```
In_products_fuel_and_power = data(:,6) * data(:,2) * data(:,3)/…
    (data(:,1) + data(:,2) * data(:,3));
```

%制造费用的计算：

```
Finished_product_manufacturing_cost = data(:,7) * data(:,1)/…
    (data(:,1) + data(:,2) * data(:,3));
```

```
In_product_manufacturing_cost = data(:,7) * data(:,2) * data(:,3)/…
    (data(:,1) + data(:,2) * data(:,3));
```

```
Completion_product_this_month =…
    Direct_material_cost_finished_products +…
    Finished_products_of_direct_labor +…
    Finished_products_fuel_and_power +…
    Finished_product_manufacturing_cost;
```

```matlab
In_product_this_month = Direct_material_cost_in_products+···
    In_products_of_direct_labor+In_products_fuel_and_power+···
    In_product_manufacturing_cost;
tt = [ Direct_material_cost_finished_products,···
    Direct_material_cost_in_products;···
    Finished_products_of_direct_labor,···
    In_products_of_direct_labor;···
    Finished_products_fuel_and_power,···
    In_products_fuel_and_power;···
    Finished_product_manufacturing_cost,···
    In_product_manufacturing_cost;···
    Completion_product_this_month,···
    In_product_this_month];
aa = {'完工产品','在产品'};
result_data2 = cat(1,aa,num2cell(tt));
bb = {'直接材料费','直接人工费','燃料和动力费','制造费用','总计'};
result_data = cat(2,bb,result_data2);
result. data(1,2:size(result_data,2))= aa;
result. data(1:size(result_data,1),1)= bb;
for i = 2:length(result_data(:,1))
    for j = 2:length(result_data(1,:))
    result. data{i,j} = cell2mat(result_data(i,j));
    end
end


end
```

十三、问题思考

成本的正确归集是保证成本计算质量的关键。那么如何正确划分费用，如何汇总成本、搞清楚每步流程的成本等，都会影响成本计算的正确性。

本章小结

财务指标的计算过程都是非常简单的，重在理解指标的实际意义，在经济运营过程中，成本预算是一个非常重要的环节，一个好的预算会影响企业未来的发展；与此同时，经济增加值作为"经济"利润的评价，较高的利润对整个企业的贡献也是非常巨大的。

因此，本章的要求是着重理解经济指标所包含的实际意义。

第四章

金融工程模型

■ 第一节

欧式期权定价 JR 树法

一、模型介绍

JR 二叉树方法是一种离散时间模型，由 Jarrow 和 Rudd 提出，属于目前著名的三种二叉树模型之一。与 CRR 模型不同的是，JR 模型假设股票上涨与下跌的概率相等，从而使得二叉树结构上下对称。

二、模型假设

本模型无假设条件。

三、模型公式

根据 CRR 模型分别计算出如下参数：

$$u = e^{(r-\sigma^2/2)\Delta t} + \sigma\sqrt{\Delta t} = 1.0586$$

$$d = e^{(r-\sigma^2/2)\Delta t} - \sigma\sqrt{\Delta t} = 0.9431$$

$$P = 0.5$$

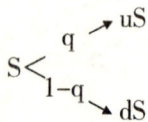

最后计算出期权价格：

$$f = e^{-r\Delta t}\left[pf_u + (1-p)f_d\right]$$

其中，看涨期权的定价公式为：

$$f_u = max(k-uS, 0)$$

$$f_d = max(k-dS, 0)$$

看跌期权的定价公式为：

$$f_u = max(uS-k, 0)$$

$$f_d = max(dS-k, 0)$$

四、模型意义

提供一种不同于 CRR 模型的二叉树期权定价方法。

五、步骤 1——上涨幅度 u、下跌幅度 d 和上涨概率 p

1. 步骤描述

利用 JR 树结构原理分别计算：

（1）u 为上涨幅度。

（2）d 为下跌幅度。

（3）p 为上涨概率。

2. 结果分析

u、d、p 的计算结果如图 2-4-1 所示。

	1	2
1	'JR上涨幅度u'	1.0698
2	'JR下跌幅度d'	0.9357
3	'JR上涨概率p'	0.5000

图 2-4-1　u、d、p 的计算结果

3. 程序文件

```
function result = JRTree1 (data)


    % 将结果返给 result
    Data = cell2mat( data. MAT. data( : ,2) );
    S = Data(1);
    X = Data(2);
    r = Data(3);
    T = Data(4);
    sigma = Data(5);
    N = Data(6);


    deltaT = T/N;
    result. u = exp(( r-sigma^2/2) * deltaT) +sigma * sqrt( deltaT);
    result. d = exp(( r-sigma^2/2) * deltaT) -sigma * sqrt( deltaT);
    result. p = 0. 5;
```

result. data$\{1,1\}$ = 'JR 上涨幅度 u';

result. data$\{1,2\}$ = result. u;

result. data$\{2,1\}$ = 'JR 下跌幅度 d';

result. data$\{2,2\}$ = result. d;

result. data$\{3,1\}$ = 'JR 上涨概率 p';

result. data$\{3,2\}$ = result. p;

end

六、步骤2—计算看涨期权价格

1. 步骤描述

利用 JR 树结构原理，结合公式计算看涨期权价格。

2. 结果分析

看涨期权价格的计算结果如图 2-4-2 所示。

	1	2
1	'JR树计算看涨期权价格'	16.1469

图 2-4-2　看涨期权价格的计算结果

3. 程序文件

function result = JRTree2 (data)

  % 将结果返给 result

  Data = cell2mat(data. MAT. data(:,2));

```
S = Data(1);

K = Data(2);

r = Data(3);

T = Data(4);

sigma = Data(5);

N = Data(6);


deltaT = T/N;

u = exp(sigma * sqrt(deltaT));

d = 1/u;

% S0 is the current price of the underlying asset,

% K is the exercise price of the option,

% r is the risk-free rate, T is the maturity length, sigma is the

% volatility of the asset price, and N is the interval number.

p = (exp(r * deltaT)-d)/(u-d);

la = zeros(N+1,N+1);

for j = 0:N

    la(N+1,j+1) = max(0,S * (u^j) * (d^(N-j))-K);

end

for i = N-1:-1:0

    for j = 0:i

        la(i+1,j+1) = exp(-r * deltaT) * (p * la(i+2,j+2)+...

        (1-p) * la(i+2,j+1));

    end

end

result. price = la(1,1);

result. la = la;


result. data{1,1} = 'CRR 树计算看涨期权价格';
```

result. data$\{1,2\}$ = la$(1,1)$;

end

七、步骤 3—计算看跌期权价格

1. 步骤描述

利用 JR 树结构原理，结合公式计算看跌期权价格。

2. 结果分析

看跌期权价格的计算结果如图 2-4-3 所示。

	1	2
1	'JR树计算看跌期权价格'	7.5355

图 2-4-3　看跌期权价格的计算结果

3. 程序文件

function result = JRTree3（data）


```
    % 将结果返给 result
    Data=cell2mat( data. MAT. data( : ,2) ) ;
    S = Data( 1 ) ;
    K = Data( 2 ) ;
    r = Data( 3 ) ;
    T = Data( 4 ) ;
    sigma = Data( 5 ) ;
```

```
N = Data(6);

deltaT = T/N;

u = exp(sigma * sqrt(deltaT));

d = 1/u;

%S0 is the current price of the underlying asset, K is the exercise

% price of the option, r is the risk-free rate, T is the maturity length,

% sigma is the volatility of the asset price, and N is the interval

%number.

p = (exp(r * deltaT) - d)/(u - d);

la = zeros(N+1, N+1);

for j = 0:N

    la(N+1, j+1) = max(0, -S * (u^j) * (d^(N-j)) + K);

end

for i = N-1:-1:0

    for j = 0:i

la(i+1, j+1) = exp(-r * deltaT) * (p * la(i+2, j+2) + (1-p) * la(i+2, j+1));

    end

end

result. price = la(1,1);

result. la = la;


result. data{1,1} = 'JR 树计算看跌期权价格';

result. data{1,2} = la(1,1);


end
```

八、问题思考

二叉树有很多种，不仅有 JR 二叉树，还有 LRR 二叉树等，而这些二叉树在金融工程上的运用也越来越广泛，那么如何利用 LRR 二叉树来计算看涨、看跌期权，同时，LR 二叉树的期权价格公式又是怎么推导得来的呢？数学系的学生可作为延展知识来学习。

第二节

信用风险——判别模型

一、模型背景

Probit 回归模型是广义线性模型的一种。设模型

$$\mu = E(Y)$$

$$g(\mu) = \beta_0 + \beta_1 x_1 + \beta_2 x_2 + \cdots + \beta_n x_n + \varepsilon$$

作为一个广义线性模型，其中 Y 表示被解释变量，x_i 为解释变量，ε 为模型随机误差项，服从正态分布。如果上述模型中的 Y 服从二项分布，并且函数 $g(\mu) = \Phi(\mu)$，$\Phi(.)$ 为标准正态分布的概率分布函数，那么称该广义线性模型为 probit 回归模型。

二、模型假设

ε 服从正态分布；Y 服从二项分布；函数 $g(\mu) = \Phi(\mu)$，$\Phi(.)$ 为标准正态分布的概率分布函数。

三、模型公式

$$\mu = E(Y)$$

$$g(\mu) = \beta_0 + \beta_1 x_1 + \beta_2 x_2 + \cdots + \beta_n x_n + \varepsilon$$

四、模型意义

通过线性模型对公司信用风险（以 ST 和非 ST 划分）进行拟合，该方法可以较好地对风险暴露进行解释。

五、步骤 1—计算 beta 系数

1. 步骤描述

利用最小二乘法计算得到线性方程的回归系数 beta。

2. 结果分析

回归计算得到的 beta 系数结果如图 2-4-4 所示。

	1	2	3	4
1	'回归计算得到的beta系数'	-13.0460	1.9024	0.4047

图 2-4-4　回归计算得到的 beta 系数结果

3. 程序文件

```
function result = CreditRisk1 (data)
    sampleData = data. CreditRisk1. sampleData;
    y = sampleData( :,2); %一个 0-1 矩阵
    x = sampleData( :,3:end); %自变量
    b = glmfit( x,y,' binomial ',' link ',' logit ');

    result. beta = b;
```

```
result. data{1,1}  =  '回归计算得到的 beta 系数';
result. data(1,2:length(b)+1)  =  num2cell(b)';


end
```

六、步骤 2—违约率及违约率柱状图和 ROC 图

1. 步骤描述

承上步，计算违约概率并绘制违约率柱状图和 ROC 图。

2. 结果分析

理论违约率如图 2-4-5 所示。

	1	2	3	4	5	6	7	8
1	'理论违约率'	0.8271	0.6045	0.7916	0.1608	0.6112	0.2555	0.5682

9	10	11	12	13	14	15	16	17
0.0599	0.6644	0.1129	0.0615	0.3525	0.3227	0.4334	0.2281	0.7220

18	19	20	21	22	23	24	25	26	27
0.2353	0.2850	0.4107	0.2008	0.3712	0.4235	0.4876	0.4235	0.5751	0.6734

28	29	30	31	32	33	34	35	36	37
0.7356	0.7138	0.3874	0.2404	0.1663	0.1663	0.2850	0.3684	0.1738	0.4364

38	39	40	41	42	43	44	45	46	47
0.7220	0.4675	0.2353	0.1720	0.1779	0.4434	0.2769	0.0689	0.2141	0.2712

48	49	50	51	52	53	54	55	56	57
0.2633	0.4806	0.0885	0.2555	0.5682	0.2850	0.8422	0.5281	0.6303	0.9325

58	59	60	61	62	63	64	65	66	67
0.0622	0.8823	0.6707	0.8917	0.6489	0.5552	0.7510	0.2331	0.2933	0.6045

68	69	70	71	72	73	74	75	76	77
0.6303	0.9585	0.9343	0.3227	0.7982	0.2210	0.9391	0.5079	0.7379	0.8750

图 2-4-5　理论违约率

78	79	80	81	82	83	84	85	86	87
0.4705	0.4434	0.5652	0.8659	0.8970	0.9713	0.5652	0.5180	0.4039	0.9435

88	89	90	91	92	93	94	95	96	97
0.5781	0.5947	0.3970	0.7916	0.7220	0.7916	0.2850	0.7659	0.7379	0.7138

98	99	100	101
0.4876	0.6303	0.5311	0.3525

图 2-4-5　理论违约率（续图）

ROC 图和违约率柱状图如图 2-4-6 所示。

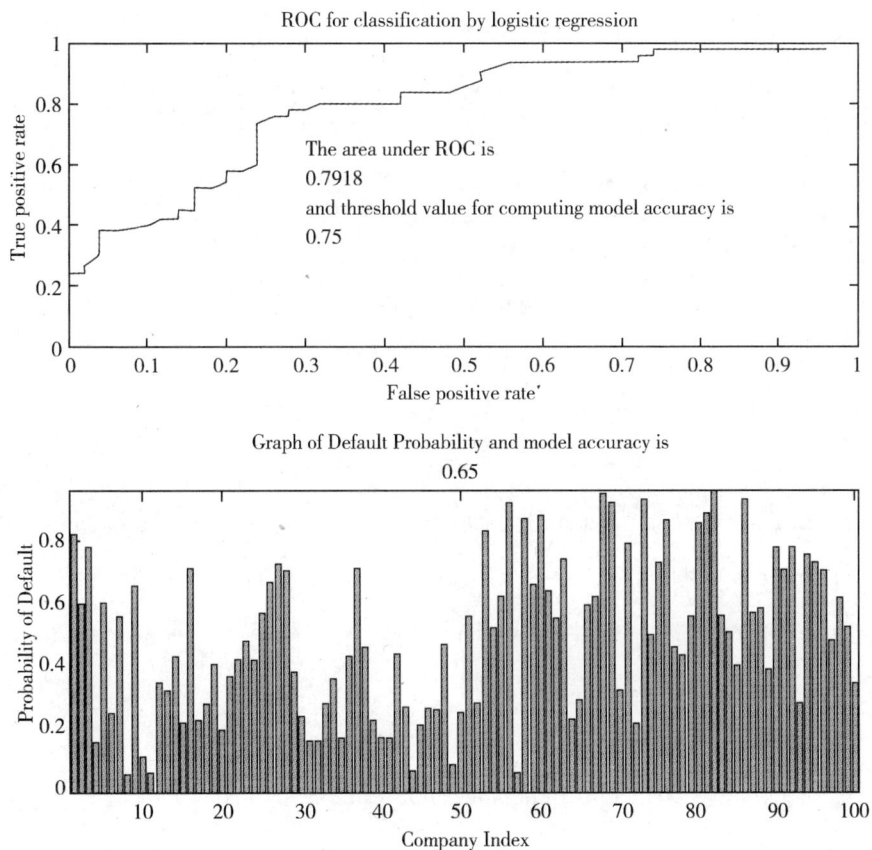

图 2-4-6　ROC 图和违约率柱状图

3. 程序文件

```
function result = CreditRisk2 (data)
    sampleData = data. CreditRisk2. sampleData;
    y = sampleData( :,2); %一个 0-1 矩阵
    x = sampleData( :,3:end);
    b = glmfit( x,y,'binomial','link','logit');
    p = glmval( b,x,'logit'); %计算理论违约率


    % fit probabilities for scores
    [ X,Y,~,AUC] = perfcurve( sampleData( :,2) ,p,1);


    % 判断准确率阈值
    temp = X.^2 + (1-Y).^2;
    idx = temp == min( temp);
    threshold = Y( idx);
    threshold = mean( threshold);


    indicator = p>threshold;
    indicator = indicator( ~isnan( y)); %对齐数据,去掉 nan
    indicator = indicator == y( ~isnan( y));


    totalCount = length( y( ~isnan( y)));
    accuracy = nansum( indicator)/totalCount;


    % 画图部分
    result. graph{1} =figure('visible','off');
    subplot( 2,1,1);
    plot( X,Y);
```

```
xlabel('False positive rate'); ylabel('True positive rate')
title('ROC for classification by logistic regression')
text(0.3,0.5,{'\leftarrow The area under ROC is ',AUC,' and …
    threshold value for computing model accuracy is … ',threshold,''},'
    FontSize',8);


subplot(2,1,2);
bar(sampleData(:,1),p);
xlabel('Company Index'); ylabel('Probability of Default');
title({'Graph of Default Probability and model accuracy…
    is ',accuracy});
axis tight;


% 数据存储部分
result. p = p;
result. sampleData = sampleData;
result. data{1,1} = '理论违约率';
result. data(1,2:length(p)+1) = num2cell(p);


end
```

七、问题思考

这其实是一个统计模型，通过概率模型对风险进行估测、对风险暴露进行解释，可有效控制风险。然而对风险的评估方法也不止一种，如何通过其他方法对风险进行预测，如神经网络模型等。

本章小结

金融工程（Financial Engineering）是用数学和工程学的方法来建立金融模型，是市场不断追求更高的金融效率的产物，金融工程鼓励了竞争，使金融机构提高了竞争力。金融工程类的模型、理论比较经典，在这类模型中，主要侧重于计算期权定价、信用风险等，其中公式的推导是相当复杂的。同时也需要掌握许多金融领域较为前沿的，也是非常有应用价值的理论。

第五章

第五章

金融数据分析

第五章

■ **第一节**

主成分分析

一、模型背景

在实际工程应用中，从机器获得的信号往往是含有噪声的，这些噪声对于研究是没有任何意义的，于是希望通过某种学习机器来判断和识别有用的信号，当用于识别的特征较多时，就需要对多个识别特征包含的信息进行一定的浓缩，对特征的数量进行压缩。主成分分析（Principal Components Analysis, PCA）方法就是进行数据压缩的一个重要方法，又称特征向量分析法。

主成分分析也称主分量分析，其旨在利用降维的思想，把多指标转化为少数几个综合的指标，并且这几个指标能够极大化地表示所有的指标，如同在线性代数矩阵理论中找不相关的几个向量的思想。

PCA 在模式识别和信号处理中一直被广泛地研究和使用，对许多工程领域、数据压缩特征提取、信号恢复等方面的应用都很重要。在科学领域，PCA 对于多个指标中的主要成分的确定、降维分解、卫星雷达信号的提取都有着很重要的价值和应用前景。例如，国内的研究者（欧春江）利用 PCA 方法对遥感图像进行图像增强和数据压缩，发现在遥感影像分类前进行 PCA 变换效果比较好；在统计经济学领域，如对人口、教育、地区的经济发展状况的研究，在问题分析前，分析指标可能较多，不仅会增加问题的复杂度，个别指标对问题的影响程度并不会太高，于是希望通过较少的指标来得到与原来相同的信息，PCA 在这方面就发挥了重要的作用，并很好地简化了模型；在生物医学领域，通过对一些低分子药物的销售额数据进行处理，将主要的销售药物保留，形成了新的指标体系；此外，PCA 在气象学、人脸识别、地球物理学等方面都得到了很好的应用。

二、模型假设

主分量分析法是一种降维的统计方法，利用数学的思想，借助于一个正交变换理论，将其分量相关的原随机向量在正交变换的作用下，转化成分量不相关的新向量。

假设累计贡献率为90%。

假设模型是在无噪声的情况下发生的。

三、模型公式

（1）对原始指标数据进行标准化，即由 p 维随机向量 $x = (X_1, X_2, \cdots, X_p)^T$，且有 n 个样品，其中 $x_i = (X_{i1}, X_{i2}, \cdots, X_{ip})^T$，$i = 1, 2, \cdots, n$，$n > p$。接下来构造样本阵，对样本阵原始数据进行如下标准化变换：

$$Z_{ij} = \frac{x_{ij} - \bar{x}_j}{s_j}, \quad i = 1, 2, \cdots, n; \quad j = 1, 2, \cdots, p$$

其中，$\bar{x}_j = \dfrac{\sum_{i=1}^{n} x_{ij}}{n}$，$s_j^2 = \sum_{i=1}^{n} (x_{ij} - \bar{x}_j)^2$，得标准化矩阵 Z。

（2）对标准化矩阵 Z 求相关系数矩阵。

$$R = [r_{ij}]_p xp = \frac{Z^T Z}{n-1}$$

其中，$r_{ij} = \dfrac{\sum z_{ik} \cdot z_{kj}}{n-1}$，$i, j = 1, 2, \cdots, p$。

（3）解样本协方差矩阵 R 的特征方程 $| R - \lambda I_p | = 0$，可得到 p 个特征根，然后按照累计贡献率，按 $\dfrac{\sum_{j=1}^{m} \lambda_j}{\sum_{j=1}^{p} \lambda_j} \geq 0.90$ 确定 m 的值，使信息的累计率达 90% 以上。然后再对每个 λ_j，$j = 1, 2, \cdots, m$，解方程组 $Rb = \lambda_j b$ 求得特征向量 b_j^0。

（4）将标准化之后的指标转换为主成分，如下：

$$U_{i,j} = z_i^T b_j^o, \quad j = 1, 2, \cdots, m$$

其中，U_1 称作第一主成分，U_2 称作第二主成分，……，U_p 称作第 p 主成分。

（5）对主成分进行综合性评价。将每个主成分的方差贡献率作为权值，对步骤 4 计算的 m 个主成分进行加权平均求和，可得到最终评价值。

四、模型意义

关于 PCA 算法，历史已经非常悠久，最早要追溯到 1901 年的 Pearson 提出的因子分析法，所以无论在理论上还是在使用上都具有无可厚非的优点。

PCA 算法的主要优点在于它能找到表现原始数据矩阵最重要的变量的组合，通过表示最大的方差，能有效地直观反映样本之间的关系，然后从最大的几个主成分来近似反映原始的数据矩阵的信息，作为数据压缩和去噪的一种工具，同时也是特征提取的重要途径。

尽管如此，PCA算法仍然存在一定的缺陷。因为按照该原理分解出来的信号只能保证各分量是不相关的，不能保证是相互独立的，并且它是按照方差的大小排序进行分解的，因此PCA分解仅仅可以用来研究数据的结构特征，分解的信号缺少一定的实际意义。因此，理论的发展得到了改革，在PCA的基础上，出现了新的理论独立成分分析（Independent Component Analysis，ICA），这种方法分离出来的信号的独立性能达到90%以上，因此，无论是经济研究还是信号处理，PCA只是ICA的一部分，ICA方法也会被广泛使用。

五、步骤1—计算相关系数矩阵

1. 步骤描述

利用相关系数公式 corr(x,y)可计算得到相关系数矩阵。

2. 结果分析

相关系数矩阵如图2-5-1所示。

	1	2	3	4	5	6	7	8	9
1	□	□	□	□	'相关系数矩...	□	□	□	□
2	□	'净产值利润...	'固定资产利...	'总产值利润...	'销售收入利...	'产品成本利...	'物耗利润率...	'人均利润率...	'流动资金利...
3	'净产值利润...	1	0.7630	0.7017	0.5868	0.5959	0.4896	0.5973	0.7300
4	'固定资产利...	0.7630	1	0.5504	0.4667	0.5158	0.4196	0.7046	0.6717
5	'总产值利润...	0.7017	0.5504	1	0.8407	0.9760	0.8161	0.6941	0.6825
6	'销售收入利...	0.5868	0.4667	0.8407	1	0.8667	0.9823	0.4926	0.7938
7	'产品成本利...	0.5959	0.5158	0.9760	0.8667	1	0.8667	0.6260	0.7153
8	'物耗利润率...	0.4896	0.4196	0.8161	0.9823	0.8667	1	0.4216	0.7505
9	'人均利润率...	0.5973	0.7046	0.6941	0.4926	0.6260	0.4216	1	0.4656
10	'流动资金利...	0.7300	0.6717	0.6825	0.7938	0.7153	0.7505	0.4656	1

图2-5-1 相关系数矩阵

3. 程序文件

```
function result = PCA1(data)
%CALBETA Summary of this function goes here
% Detailed explanation goes here


% 将结果返给 result
a = cell2mat(data. MAT. data(2:end,2:end));
%序号
order = cell2mat(data. MAT. data(2:end,1));
%分析项目
analysis = data. MAT. data(1,2:end);
    %Step1:计算相关系数矩阵
    b = corrcoef(zscore(a));
    result. b = b;
    % 输出项
    result. data{1,5} = '相关系数矩阵';
    b = corrcoef(zscore(a));
    b = roundn(b,-4);
    for i = 3:size(b,1)+2
        for j = 2:size(b,2)+1
            result. data{i,j} = b(i-2,j-1);
        end
    end
    result. data(2,2:size(b,2)+1) = analysis;
    result. data(3:size(b,1)+2,1) = analysis;
end
```

六、步骤2—计算特征值和特征向量

1. 步骤描述

据步骤 1 计算得到的相关系数矩阵计算特征值和特征向量。

2. 结果分析

特征值和特征向量的计算结果如图 2-5-2 所示。

	1	2	3	4	5	6	7	8	9	10
1	'特征值'	'特征向量'	1	2	3	4	5	6	7	8
2	0.0027	1	0.2182	0.1370	-0.2781	0.2283	0.6727	0.3115	0.3788	0.3334
3	0.0060	2	-0.0745	-0.1102	-0.2276	-0.5733	-0.4046	0.1871	0.5562	0.3063
4	0.1369	3	-0.7186	-0.0520	0.1186	-0.2240	0.3874	-0.3182	-0.1148	0.3900
5	0.1456	4	0.0386	-0.6914	-0.3808	0.2788	-0.1547	0.0888	-0.3508	0.3780
6	0.2858	5	0.6385	-0.0660	0.3451	-0.4158	0.1518	-0.2715	-0.2254	0.3853
7	0.5896	6	-0.0123	0.6864	-0.3738	-0.0066	-0.2554	0.0696	-0.4337	0.3616
8	1.0972	7	0.0675	0.1057	0.0716	0.5033	-0.2816	-0.6189	0.4147	0.3026
9	5.7361	8	-0.1286	0.0413	0.6692	0.2552	-0.2055	0.5452	-0.0031	0.3596

图 2-5-2　特征值和特征向量的计算结果

3. 程序文件

```
function result＝PCA2（data）

    %CALBETA Summary of this function goes here

    % Detailed explanation goes here


    % 将结果返给 result

    a＝cell2mat（data. MAT. data（2：end，2：end））；

    %序号

    order＝cell2mat（data. MAT. data（2：end，1））；

    %Step2：
```

```
b=data. step_ 1. b;

D=tril（b）;%得到三角矩阵

［d, v］＝eig（b）;%计算特征值和特征向量

for i=1：size（v, 1）

    val（i, 1）＝v（i, i）;

end

result. val=val;

% 输出项

result. data｛1, 1｝＝'特征值';

result. data｛1, 2｝＝'特征向量';

val=roundn（val, -4）;

d=roundn（d, -4）;

result. data（2：length（val）+1, 1）＝num2cell（val）;

for i=2：size（d, 1）+1

    for j=3：size（d, 2）+2

        result. data｛i, j｝＝d（i-1, j-2）;

    end

end

tt=［1：8］;

result. data（1, 3：size（d）+2）＝num2cell（tt）;

result. data（2：size（d）+1, 2）＝num2cell（tt'）;

end
```

七、步骤 3—贡献率及累计贡献率，并作碎石图

1. 步骤描述

将特征值从大到小排序，同时特征向量随之而改变顺序，计算累加和，得累计贡献率，并做特征值的碎石图。

2. 结果分析

图 2-5-3 为协方差矩阵的特征根及贡献率，图 2-5-4 为特征根的碎石图。

	1	2	3
1	'特征根 '	'贡献率% '	'累积贡献率% '
2	573.6141	71.7018	71.7018
3	109.7234	13.7154	85.4172
4	58.9634	7.3704	92.7876
5	28.5791	3.5724	96.3600
6	14.5620	1.8202	98.1802
7	13.6883	1.7110	99.8913
8	0.5987	0.0748	99.9661
9	0.2711	0.0339	100

图 2-5-3　协方差矩阵的特征根及贡献率

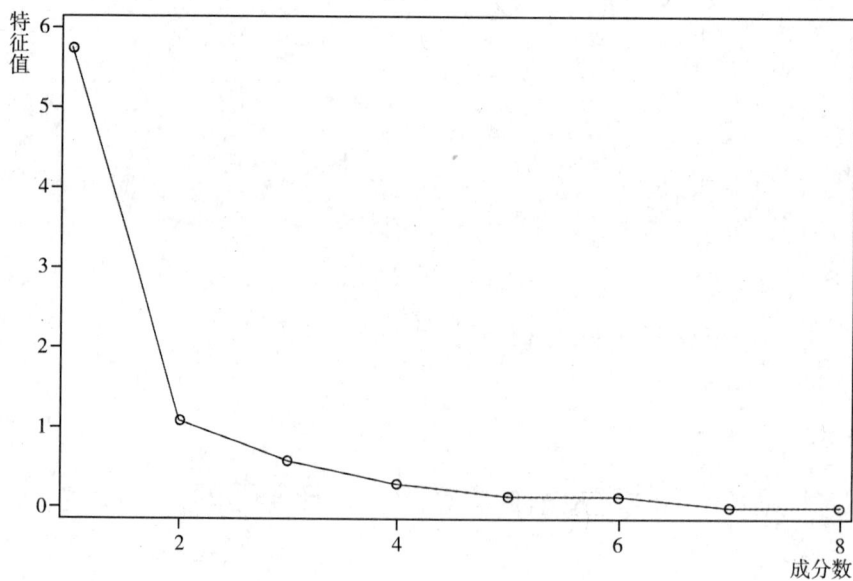

图 2-5-4　碎石图

3. 程序文件

```matlab
function result = PCA3(data)
    %CALBETA Summary of this function goes here
    % Detailed explanation goes here

    % 将结果返给 result
    a = cell2mat(data.MAT.data(2:end,2:end));
    %序号
    order = cell2mat(data.MAT.data(2:end,1));
    %Step3：
    val = data.step_2.val;
    result.val = val;
    %对特征根进行排序,y 为排序结果,i 为索引
    [y,i] = sort(val);
    for z = 1:length(y)
        newy(z,1) = y(length(y)+1-z);
    end
    rate = y/sum(y);
    newrate = newy/sum(newy);
    sum_newrate = cumsum(newrate);
    % 输出项
    result.graph = figure('visible','off');
    %绘制方差贡献散点图
    plot(newy,'r+');
    hold on
    %保持图形
    %绘制方差贡献碎石图
    plot(newy,'g-');
```

```
ylabel('特征值');
xlabel('成分数');
title('碎石图');
hold off
result. data{1,1} ='特征根 ';
result. data{1,2} ='贡献率% ';
result. data{1,3} ='累积贡献率% ';
newy = roundn( newy * 100, -4);
newrate = roundn( newrate * 100, -4);
sum_newrate = roundn( sum_newrate * 100, -4);
result. data(2:length(rate)+1,1) = num2cell( newy);
result. data(2:length(rate)+1,2) = num2cell( newrate);
result. data(2:length(rate)+1,3) = num2cell( sum_newrate);
end
```

八、步骤 4—计算主成分载荷

1. 步骤描述

根据累积贡献率大于90%的原则选取特征值，计算主成分载荷。

2. 结果分析

主成分载荷的计算结果如图 2-5-5 所示。

	1	2	3	4	5
1	'累积贡献率大于90%的特征值个数 '	'主成分载荷...	'成份1'	'成份2'	'成份3'
2	3	'净产值利润...	0.7985	0.3968	0.2392
3	[]	'固定资产利...	0.7336	0.5826	0.1436
4	[]	'总产值利润...	0.9340	-0.1202	-0.2443
5	[]	'销售收入利...	0.9052	-0.3674	0.0682
6	[]	'产品成本利...	0.9228	-0.2361	-0.2085
7	[]	'物耗利润率...	0.8661	-0.4543	0.0535
8	[]	'人均利润率...	0.7246	0.4344	-0.4752
9	[]	'流动资金利...	0.8613	-0.0032	0.4186

图 2-5-5   主成分载荷的计算结果

3. 程序文件

```
function result = PCA4(data)
    % CALBETA Summary of this function goes here
    % Detailed explanation goes here


    % 将结果返给 result
    a = cell2mat(data.MAT.data(2:end,2:end));
    %序号
    order = cell2mat(data.MAT.data(2:end,1));
    %分析项目
    analysis = data.MAT.data(1,2:end);
    %Step4:
    b = corrcoef(zscore(a));
    D = tril(b);%得到三角矩阵
    [d,v] = eig(b);%计算特征值和特征向量
    val = data.step_3.val;
    result.val = val;
```

```
    [y,i] = sort(val);          %对特征根进行排序,y 为排序结果,i 为索引
for z = 1:length(y)
        newy(z,1) = y(length(y)+1-z);
    end
    rate = y/sum(y);
    sumrate = 0;
    newi = [];
    sumrate = 0;
    newi = [];
    for k = length(y):-1:1
        sumrate = sumrate+rate(k);
        newi(length(y)+1-k) = i(k);
        if sumrate>0.90
            break;
        end
    end          %记下累积贡献率大于90%的特征值的序号放入 newi 中
for p = 1:length(newi)
        for q = 1:length(y)
            resulttt(q,p) = sqrt(val(newi(p))) * d(q,newi(p));
        end
    end                     %计算载荷
resulttt = roundn(resulttt,-4);
% 输出项
result.data{1,1} ='累积贡献率大于90%的特征值个数';
result.data{2,1} =length(newi);
result.data{1,2} ='主成分载荷矩阵';
result.data(2:size(resulttt,1)+1,2) = ' analysis';
result.data(1,3:5) = {'成分 1','成分 2','成分 3'};
```

```
for i = 2 : size( resulttt, 1 ) + 1
    for j = 3 : size( resulttt, 2 ) + 2
        result. data{ i, j } = resulttt( i−1, j−2 ) ;
    end
  end
end
```

九、步骤5—排名

1. 步骤描述

计算各主成分得分及综合得分,并排名。

2. 结果分析

排名结果如图 2-5-6 所示。

	1	2	3	4	5	6	7	8	9
1	[]	[]	[]	[]	'综合主成分值'	[]	[]	[]	[]
2	'企业序号'	'第一主成分得分'	'第一主成分排名'	'第二主成分得分'	'第二主成分排名'	'第三主成分得分'	'第三主成分排名'	'综合得分'	'综合得分排名'
3	1	1.8350	5	2.7882	1	0.4175	3	5.0408	3
4	2	2.3254	4	0.4571	5	-1.3051	15	1.4774	7
5	3	-6.9020	14	-0.4556	9	-0.2508	13	-7.6085	14
6	4	-5.2739	12	-0.1237	8	0.2040	5	-5.1937	12
7	5	0.1324	9	0.9612	3	0.6339	2	1.7275	5
8	6	8.1171	2	-0.6926	11	-0.5812	14	6.8432	2
9	7	-0.7813	10	-0.9854	13	-0.1972	10	-1.9640	11
10	8	2.4436	3	0.9838	2	0.3134	4	3.7409	4
11	9	12.4388	1	-1.0258	14	0.0159	6	11.4289	1
12	10	-0.8076	11	-0.7218	12	0.0144	7	-1.5150	10
13	11	-5.7797	13	0.2241	6	-0.2415	12	-5.7971	13
14	12	-10.6013	15	-0.6473	10	-0.2214	11	-11.4700	15
15	13	0.8947	7	0.8776	4	-0.0830	8	1.6893	6
16	14	0.8313	8	-0.0620	7	-0.0919	9	0.6774	9
17	15	1.1278	6	-1.5779	15	1.3731	1	0.9230	8

图 2-5-6 排名结果

3. 程序文件

function result = PCA5(data)

```
% 将结果返给 result
a = cell2mat(data. MAT. data(2:end,2:end));
%序号
order = cell2mat(data. MAT. data(2:end,1));
%Step5:
b = corrcoef(zscore(a));    %计算相关系数矩阵
D = tril(b);%得到三角矩阵
[d,v] = eig(b);%计算特征值和特征向量
val = data. step_4. val;
[y,i] = sort(val);         %对特征根进行排序,y 为排序结果,i 为索引
for z = 1:length(y)
    newy(z,1) = y(length(y)+1-z);
end
rate = y/sum(y);
sumrate = 0;
newi = [];
sumrate = 0;
newi = [];
for k = length(y):-1:1
    sumrate = sumrate+rate(k);
    newi(length(y)+1-k) = i(k);
    if sumrate>0.9
        break;
    end
end         %记下累积贡献率大于90%的特征值的序号放入 newi 中
```

```
for p = 1 : length( newi)
    for q = 1 : length( y)
        resulttt( q,p) = sqrt( val( newi( p) ) ) * d( q,newi( p) ) ;
    end
end                    %计算载荷
sco = zscore( a) * resulttt;
%综合得分
csum = sum( sco,2) ;
%综合得分排名
[ newcsum,i] = sort( -1 * csum) ;
[ newii,j] = sort( i) ;
%其他主成分得分排名
[ ttt,iii] = sort( -1 * sco) ;
[ tttt,jjjj] = sort( iii) ;


score = roundn ( [ order,sco( :,1) ,jjjj( :,1) ,sco( :,2) ,jjjj( :,2) ,sco( :,
    3) ,jjjj( :,3) ,…,csum,j] ,-4) ;
% 输出项
result. data{1,5} = '综合主成分值';
result. data( 2,1 : size( score,2) ) = {'企业序号','第一主成分得分',…
    '第一主成分排名','第二主成分得分','第二主成分排名',…
    '第三主成分得分','第三主成分排名','综合得分','综合得分排名'};
for i = 3 : size( score,1) +2
    for j = 1 : size( score,2)
        result. data{i,j} = score( i-2,j) ;
    end
end
end
```

十、问题思考

向量降维的方法还有另一种方法：独立分量分析（Independent Component Analysis，ICA）。这种方法不仅能降低维数，最主要的是分量之间是相互独立的，如果能通过这些相互独立的分量将成分进一步分解成更低的维数，那么最终的模型不仅能大大降低成本，模型复杂度也会降低许多。有兴趣的学者可做深入研究，详细的内容可参考文章：

http：//www.cnblogs.com/jerrylead/archive/2011/04/19/2021071.html

http：//en.wikipedia.org/wiki/Independent_component_analysis。

■ 第二节

KMV 模型

一、模型背景

现代信用风险度量模型主要包括 KMV 模型，它是美国旧金山市的 KMV 公司于 20 世纪 90 年代建立用来估计借款企业的违约概率的方法之一。

KMV 模型认为，贷款中出现的信用风险是在固定负债的情况下由债务人的资产市场价值决定的。然而资产并没有在市场上进行过交易，因此资产的市场价值也不能被直接地观测到。于是 KMV 模型将银行的贷款问题倒转了一个角度，即从借款企业法人的角度去考虑贷款的归还问题。

在债务到期日，如果资产的市场价值高于公司的债务值，也就是违约点，那么公司的股权价值就等于公司资产市场价值减去债务值；如果此时公司的资产价值低于违约点，则公司将会变卖所有资产来偿还债务，此时股权价值降为零。

二、模型假设

（1）创新思想。从借款企业股权持有者的角度考虑借款偿还的动力问题，并利用公开的股市信息为债务信用风险度量服务。

（2）违约模型（DM）。考察违约概率，不考虑信用等级变化。

三、模型公式

第一步，估计公司市场价值及其波动性。

E 是股权价值（股票市场价格），A 是公司资产市场现值，σA 是公司资产价值波动性（标准差），D 是负债价值，r 是无风险利率，τ 是时间范围（期权有效期）；N 是正态分布变量的累积概率分布函数。

$$E = AN(d_1) - De^{-r\tau}N(d_2)$$

其中，$d_1 = \dfrac{\ln\left(\dfrac{A}{D}\right) + \left(r + \dfrac{1}{2}\sigma_A^2\right)\tau}{\sigma_A\sqrt{\tau}}$，　$d_2 = d_1 - \sigma_A\sqrt{\tau}$，　$\sigma_E = \dfrac{N(d_1)A\sigma_A}{E}$

将两个等式联立，可求出两个未知数资产价值 A 及其波动性 σ_A。

第二步，计算违约距离。

$$违约距离 DD（Distance-to Default） = \frac{A - DP}{A \times \sigma_A}$$

其中，DP = SD + 0.5×LD 为违约点，SD 表示企业 1 年内的短期债务的价值，LD 表示未偿清债务账面价值。

第三步，估算违约概率。

假设公司的违约距离为 $2\sigma_A$，经验 EDF 的计算公式为：

$$经验 EDF = \frac{违约距离为 2\sigma_A 的一年内违约的企业数目}{违约距离为 2\sigma_A 的企业总数}$$

四、模型意义

KMV 模型又称预期违约率模型，其优势在于依托于现代期权理论，也是对传统信用的风险度量方法的一次重要革命。因为，首先 KMV 模型可以充分利用资本市场上的信息，更能反映上市公司的当前信用状况；其次 KMV 模型中所使用的数据来自当前股票市场上最真实的交易数据，而非历史数据，因此，它更能够反映企业当前的信用状况。

尽管 KMV 理论已经很成熟，但是与其他已有的模型一样，KMV 模型也存在着许多缺陷。首先，模型的使用范围会受到限制。该模型的数据主要来源于上市公司，而非上市公司在做风险评估时，估计概率上不可避免会有失准确。其次，该模型中假设公司的资产价值都被理想化了，服从正态分布，但是在实际中，企业资产价值的统计特征并不能准确地判断服从哪种分布。

由于历史违约数据会出现滞后效应，所以会直接运用违约距离来和上市公司相对的违约风险大小进行比较。

五、步骤1—非流通股每股价格和股权总价值

1. 步骤描述

非流通股每股价格 $H = 1.326 + 0.53 \times G$；

E 为流通股股数；

F 为非流通股股数；

G 为每股净资产；

股权价值 $VE = H. \times F + C. \times E$。

2. 结果分析

非流通股每股价格和股权总价值计算结果如图 2-5-7 所示。

	1	2
1	'非流通股每股价格 '	'股权总价值VE '
2	3.2446	7.4479e+10
3	3.2446	7.5247e+10
4	3.2446	7.8211e+10
5	3.2446	7.8540e+10
6	3.2446	7.9638e+10
7	3.2446	7.9089e+10
8	3.2446	8.0077e+10
9	3.2446	8.0626e+10
10	3.2446	7.7662e+10
11	3.2446	7.7991e+10
12	3.2446	7.8321e+10
13	3.2446	7.8540e+10
14	3.2446	8.0187e+10
15	3.2446	7.7991e+10
16	3.2446	7.8211e+10
17	3.2446	7.9967e+10
18	3.2446	7.8979e+10
19	3.2446	7.9857e+10
20	3.2446	7.8650e+10
21	3.2446	7.9199e+10
22	3.2446	8.1613e+10
23	3.2446	8.2711e+10
24	3.2446	8.1723e+10
25	3.2446	8.1284e+10
26	3.2446	8.4577e+10
27	3.2446	8.1174e+10
28	3.2446	7.7991e+10
29	3.2446	7.9747e+10
30	3.2446	8.0626e+10
31	3.2446	7.6016e+10
32	3.2446	8.0296e+10
33	3.2446	8.0955e+10
34	3.2446	8.0626e+10
35	3.2446	7.9638e+10

图 2-5-7 非流通股每股价格和股权总价值

	1	2
36	3.2446	8.0187e+10
37	3.2446	7.9308e+10
38	3.2446	7.8869e+10
39	3.2446	8.2272e+10
40	3.2446	8.1833e+10
41	3.2446	8.5674e+10
42	3.2446	8.5235e+10
43	3.2446	8.5455e+10
44	3.2446	8.4577e+10
45	3.2446	8.5674e+10
46	3.2446	8.7101e+10
47	3.2446	8.6772e+10
48	3.2446	8.9077e+10
49	3.2446	8.8199e+10
50	3.2446	9.1162e+10
51	3.2446	9.9284e+10
52	3.2446	1.0005e+11
53	3.2446	1.0115e+11
54	3.2446	1.0159e+11
55	3.2446	1.0104e+11
56	3.2446	1.0313e+11
57	3.2446	1.0258e+11
58	3.2446	1.0389e+11
59	3.2446	1.0543e+11
60	3.2446	1.0730e+11
61	3.2446	1.0686e+11
62	3.2446	1.0433e+11
63	3.2446	1.0422e+11
64	3.2446	1.0477e+11
65	3.2446	1.0214e+11
66	3.2446	1.0148e+11
67	3.2446	1.0324e+11
68	3.2075	1.0455e+11
69	3.2075	1.0565e+11
70	3.2075	1.0477e+11

图 2-5-7　非流通股每股价格和股权总价值（续图）

	1	2
71	3.2075	1.0367e+11
72	3.2075	1.0181e+11
73	3.2075	1.0148e+11
74	3.2075	1.0280e+11
75	3.2075	1.0433e+11
76	3.2075	1.0411e+11
77	3.2075	1.0565e+11
78	3.2075	1.0313e+11
79	3.2075	1.0280e+11
80	3.2075	1.0313e+11
81	3.2075	1.0521e+11
82	3.2075	1.0554e+11
83	3.2075	1.0367e+11
84	3.2075	1.0356e+11
85	3.2075	1.0411e+11
86	3.2075	1.0137e+11
87	3.2075	1.0027e+11
88	3.2075	1.0170e+11
89	3.2075	1.0291e+11
90	3.2075	1.0192e+11
91	3.2075	1.0115e+11
92	3.2075	9.9833e+10
93	3.2075	1.0016e+11
94	3.2075	1.0104e+11
95	3.2075	1.0334e+11
96	3.2075	1.0378e+11
97	3.2075	1.0192e+11
98	3.2075	1.0334e+11
99	3.2075	1.0258e+11
100	3.2075	1.0334e+11
101	3.2075	1.0203e+11
102	3.2075	1.0126e+11
103	3.2075	1.0455e+11
104	3.2075	1.0488e+11
105	3.2075	1.0763e+11

图 2-5-7　非流通股每股价格和股权总价值（续图）

	1	2
106	3.2075	1.0719e+11
107	3.2075	1.1048e+11
108	3.2075	1.1081e+11
109	3.2075	1.1136e+11
110	3.2075	1.1015e+11
111	3.2075	1.1026e+11
112	3.2075	1.1300e+11
113	3.2075	1.1180e+11
114	3.2075	1.1366e+11
115	3.2075	1.1289e+11
116	3.2075	1.1377e+11
117	3.2075	1.1377e+11
118	3.2075	1.1641e+11

图 2-5-7 非流通股每股价格和股权总价值（续图）

3. 程序文件

```
function result = KMV1 (data)
    % KMV 模型步骤 1:计算股权总价值 VE
    %% 数据读取
    % 获取 mat 文件中的原始数据
    % 将结果返给 result
    %收盘价
    C = cell2mat(data. MAT. data(2:end,1));
    %流通股股数
    E = cell2mat(data. MAT. data(2:end,3));
    %非流通股股数
    F = cell2mat(data. MAT. data(2:end,4));
    %每股净资产
    G = cell2mat(data. MAT. data(2:end,5));
```

```
%%数据处理

%%模型参数

%%结果计算

H=1.326+0.53*G;%非流通股每股价格

VE=H.*F+C.*E;%股权总价值 VE

H=roundn(H,-4);

VE=roundn(VE,-4);

%%图形绘制

%%结果返回

%输出项

result.data{1,1}='非流通股每股价格';

result.data(2:length(H)+1,1)=num2cell(H);

result.data{1,2}='股权总价值 VE';

result.data(2:length(VE)+1,2)=num2cell(VE);
end
```

六、步骤2—违约点

1. 步骤描述

违约点的计算公式:
违约点=流动负债+0.5×长期负债

2. 结果分析

违约点的计算结果如图2-5-8所示。

	1		1		1		1
1	'违约点'	31	9.8601e+10	61	8.8953e+10	91	7.9707e+10
2	9.8601e+10	32	9.8601e+10	62	8.8953e+10	92	7.9707e+10
3	9.8601e+10	33	9.8601e+10	63	8.8953e+10	93	7.9707e+10
4	9.8601e+10	34	9.8601e+10	64	8.8953e+10	94	7.9707e+10
5	9.8601e+10	35	9.8601e+10	65	8.8953e+10	95	7.9707e+10
6	9.8601e+10	36	9.8601e+10	66	8.8953e+10	96	7.9707e+10
7	9.8601e+10	37	9.8601e+10	67	8.8953e+10	97	7.9707e+10
8	9.8601e+10	38	9.8601e+10	68	8.8953e+10	98	7.9707e+10
9	9.8601e+10	39	8.8953e+10	69	8.8953e+10	99	7.9707e+10
10	9.8601e+10	40	8.8953e+10	70	8.8953e+10	100	7.9707e+10
11	9.8601e+10	41	8.8953e+10	71	8.8953e+10	101	7.9707e+10
12	9.8601e+10	42	8.8953e+10	72	8.8953e+10	102	7.9707e+10
13	9.8601e+10	43	8.8953e+10	73	8.8953e+10	103	7.9707e+10
14	9.8601e+10	44	8.8953e+10	74	8.8953e+10	104	7.9707e+10
15	9.8601e+10	45	8.8953e+10	75	8.8953e+10	105	7.9707e+10
16	9.8601e+10	46	8.8953e+10	76	8.8953e+10	106	7.9707e+10
17	9.8601e+10	47	8.8953e+10	77	8.8953e+10	107	7.9707e+10
18	9.8601e+10	48	8.8953e+10	78	8.8953e+10	108	7.9707e+10
19	9.8601e+10	49	8.8953e+10	79	7.9707e+10	109	7.9707e+10
20	9.8601e+10	50	8.8953e+10	80	7.9707e+10	110	7.9707e+10
21	9.8601e+10	51	8.8953e+10	81	7.9707e+10	111	7.9707e+10
22	9.8601e+10	52	8.8953e+10	82	7.9707e+10	112	7.9707e+10
23	9.8601e+10	53	8.8953e+10	83	7.9707e+10	113	7.9707e+10
24	9.8601e+10	54	8.8953e+10	84	7.9707e+10	114	7.9707e+10
25	9.8601e+10	55	8.8953e+10	85	7.9707e+10	115	7.9707e+10
26	9.8601e+10	56	8.8953e+10	86	7.9707e+10	116	7.9707e+10
27	9.8601e+10	57	8.8953e+10	87	7.9707e+10	117	7.9707e+10
28	9.8601e+10	58	8.8953e+10	88	7.9707e+10	118	7.9707e+10
29	9.8601e+10	59	8.8953e+10	89	7.9707e+10	119	
30	9.8601e+10	60	8.8953e+10	90	7.9707e+10	120	

图 2-5-8　违约点的计算结果

3. 程序文件

function result ＝ KMV2（data）

```
%  KMV 模型步骤 2：计算违约点

%% 数据读取

%  获取 mat 文件中的原始数据

%  将结果返给 result

%流动负债

STD = cell2mat(data. MAT. data(2:end,6));

%长期负债

LTD = cell2mat(data. MAT. data(2:end,7));

%%数据处理

%%模型参数

%%结果计算

DP = STD+0.5 * LTD;%违约点

DP = roundn(DP,-4);

%%图形绘制

%%结果返回

%输出项

result. data{1,1} = '违约点 ';

result. data(2:length(DP)+1,1)= num2cell(DP);
end
```

七、步骤3—波动率及违约距离等

1. 步骤描述

根据违约点解非线性多元方程组，计算波动率及违约距离等变量。

2. 结果分析

波动率及违约距离计算结果如图 2-5-9 所示。

	1	2
1	'资产的市场价值 '	5.8520e+11
2	'资产波动率 '	0.1023
3	'违约距离 '	8.7492

图 2-5-9　波动率及违约距离计算结果

3. 程序文件

function result ＝ KMV3（data）

   % KMV 模型步骤 3:计算违约距离

   %% 数据读取

   % 获取 mat 文件中的原始数据

   %收盘价

   C＝cell2mat（data. MAT. data（2:end,1））;

   %流通股股数

   E＝cell2mat（data. MAT. data（2:end,3））;

   %非流通股股数

   F＝cell2mat（data. MAT. data（2:end,4））;

   %每股净资产

   G＝cell2mat（data. MAT. data（2:end,5））;

   %流动负债

   STD＝cell2mat（data. MAT. data（2:end,6））;

   %长期负债

   LTD＝cell2mat（data. MAT. data（2:end,7））;

   %股权波动率

   sigE＝cell2mat（data. MAT. data（2:end,8））;

   %无风险利率

   rf＝cell2mat（data. MAT. data（2:end,9））;

   %%数据处理

```
%%模型参数
%%结果计算
H = 1.326+0.53 * G;%非流通股每股价格
VE = H. * F+C. * E;%股权总价值 VE
DP = STD+0.5 * LTD;%违约点
for i = 1:length(rf)
c1 = DP(i);
c2 = VE(i);
c3 = sigE(i);
R = rf(i);
a = fsolve(@(x)myfun(x,c1,c2,c3,R),[1000000000000;0.1]);
VA(i) = a(1,1);
SigA(i) = a(2,1);
end
%违约距离
DD = (mean(VA)-mean(DP))/(mean(VA(1)). * mean(SigA(1)));
%%图形绘制
%%结果返回
%输出项
VA(1) = roundn(VA(1),-4);
SigA(1) = roundn(SigA(1),-4);
DD = roundn(DD,-4);
result. data{1,1} ='资产的市场价值 ';
result. data{1,2} = VA(1);
result. data{2,1} ='资产波动率 ';
result. data{2,2} = SigA(1);
result. data{3,1} ='违约距离 ';
result. data{3,2} = DD;
end
```

```
function G=myfun(x,c1,c2,c3,R)
    % 目标函数方程
    dl=(log(x(1)/c1)+(R+0.5*x(2)^2))/x(2);
    G=[x(1)*normcdf(dl,0,1)-exp(-R)*c1*normcdf(dl-x(2),0,
        1)-c2;normcdf(dl,0,1)*x(1)*x(2)/c2-c3];
    %x(1)表示资产的市场价值,x(2)表示资产波动率
end
```

八、问题思考

本模型当中，最复杂的地方在于计算二元非线性方程组，初值的设定对结果的影响非常大，一个好的初值也许迭代几次就能计算出结果。

KMV模型是信用风险领域一个非常重要的模型，然而它的适用范围仅限于上市公司，对于非上市公司却无法衡量其信用风险。

违约概率对结果的影响非常大，如果结果不好（过大或过小），就无法判断公司的信用问题。通过违约概率能对信用风险做出恰当的判断，对后续的决策影响非常大。

■ 第三节

关联分析模型

一、模型背景

曾经有这样一个很著名的研究，就是"啤酒和尿布的故事"：对于一些工薪阶层的男士，会选择在下班的时候买上几瓶啤酒以缓解一天的疲劳，而通过

大量的历史数据研究发现，和啤酒一起购买最多的是尿布。这个结果是非常令人震惊的，用数学语言来描述，就是在超市购物中，啤酒和尿布的相关度是最高的，或者说二者的相关性最高。

关联分析又称关联挖掘，就是在交易数据、关系数据或其他信息载体中，查找存在于项目集合或对象集合之间的频繁模式、关联、相关性或因果结构。或者说，关联分析是根据各因素之间的发展态势的相似或相异程度，来刻画因素之间关联程度的一种定量方法。

二、模型假设

假设这些历史数据在生产的过程中没有受到外界因素的干扰。

三、模型公式

（1）通过主观经验判断，假设代表性指标为x_1（所有指标以行形式排列），分别利用剩余变量$x_2 \cdots x_n$除以x_1，original_ data $= [x_1; \cdots; x_n]$，得到量纲化矩阵$A_{n \times m}$，新指标为$y_1 \cdots y_n$：

$$A(i,j) = original\_data(i,j)/original\_data(i,1)$$

（2）$\Delta(i,j) = |y_1(j) - y_i(j)|$，为$(n-1) \times m$的绝对误差矩阵，从中找到最大和最小的误差值。

（3）$\rho_i(j) = \dfrac{\min(\Delta(i,j)) + 0.5 \times \max(\Delta(i,j))}{\Delta(i,j) + 0.5 \times \max(\Delta(i,j))}, i \in 1 \cdots (n-1); j \in 1 \cdots m$

$$r_i = \frac{1}{m} \times \sum_{j=1}^{m} \rho_i(j)$$

其中，$\rho_i(j)$为关联系数矩阵，r_i为第i个变量与指标变量的关联度，当r_i越大时，表明第i个变量与代表变量之间的相关性越高，即影响程度越大，反之越小。

四、模型意义

一个企业（部门或地区）经济效益的好坏，往往受到多种因素的影响，其中有些因素的影响作用大，有些则小。影响经济效益的各种因素是相互制约、相互影响的。在实际工作中，企业有必要将影响经济效益的各种因素按其重要性进行排序，即影响企业经济效益的关联度。

由于它是根据因素的发展趋势来进行分析的。因此，对样本容量的大小没有严格要求，也不需要典型的分布规律，并且计算工作量小；同时，也不会出现与定性分析不一致的情况。

五、步骤1—数据量纲化处理

1. 步骤描述

由于不同计算指标的数量级可能不同，需要对数据统一化处理，方法就是按照某个指标值作为参考，所有列均除以第一列。

2. 结果分析

数据量纲化处理结果如图2-5-10所示。

	1	2	3	4	5	6	7	8	9
1	量纲化处理后的数据	NaN	NaN	NaN	NaN	NaN	NaN	NaN	NaN
2	1	0.8071	0.9409	0.6890	0.8346	0.8189	0.7362	0.5984	0.7874
3	1	1.0720	0.8898	0.9458	1.0847	1.1068	1.0763	0.8305	1.0169
4	1	1.4000	1.1100	0.9500	1.4000	0.9000	0.9000	1.3500	1.2500
5	1	1.0833	0.9583	1.0083	0.8375	1.0167	0.8333	1.0333	0.9167
6	1	1.0576	1.0078	0.9468	1.0908	0.7785	1.0078	1.0443	1.0299
7	1	0.6752	0.6261	0.9180	0.8306	0.7467	0.6073	0.8425	0.7749
8	1	1.0885	0.9399	0.9781	0.8754	0.8350	0.8066	0.9563	1.0055

图2-5-10　数据量纲化处理结果

3. 程序文件

```
function result = corr_analysis1(data)
    %关联分析相关程序
    %step1:对模型数据量纲化处理,以避免不同指标数量级的差异
    %step2:计算绝对误差矩阵,首先需要指定具有代表性的序列(主观判断
    %      和实践经验)
    %step3:找到误差矩阵中最小的和最大的那个数并计算关联系数和计算
    %      关联度


    %% 提取数据,并对数据量纲化处理
    if exist('data. MAT. data')
        Eco_data1 = data. MAT. data(2:end,2:end);
    else
        disp(['The calculate data doesn" t exist']);
    end
    % 指标,年份
    [factor,timenum] = size(Eco_data1);
    rep_Ecol1 = repmat(Eco_data1(:,1),1,timenum);
    std_data = Eco_data1./rep_Ecol1;
    dataname1 = nan(1,timenum);
    dataname = {dataname1};
    dataname(1) = {'量纲化处理后的数据'};


    result. data = [dataname;num2cell(std_data)];
end
```

六、步骤2—最大最小绝对误差计算

1. 步骤描述

本步骤是通过步骤1的量纲化矩阵得到的绝对误差矩阵，然后找出该矩阵中最大量和最小量。本书选择资金利税率作为代表性的指标，其余指标与这个指标做对比。

2. 结果分析

误差矩阵、误差矩阵中最大和最小绝对误差计算结果如图2-5-11、图2-5-12所示。

	1	2	3	4	5	6	7	8	9
1	'误差矩阵'	NaN	NaN	NaN	NaN	NaN	NaN	NaN	NaN
2	0	0.2649	0.0511	0.2568	0.2501	0.2879	0.3401	0.2321	0.2295
3	0	0.5929	0.1591	0.2610	0.5654	0.0811	0.1638	0.7516	0.4626
4	0	0.2762	0.0174	0.3194	0.0029	0.1978	0.0971	0.4349	0.1293
5	0	0.2505	0.0668	0.2579	0.2562	0.0404	0.2715	0.4459	0.2425
6	0	0.1319	0.3149	0.2290	0.0041	0.0721	0.1289	0.2441	0.0125
7	0	0.2814	0.0011	0.2892	0.0408	0.0161	0.0703	0.3579	0.2181

图2-5-11 误差矩阵

	1	2
1	'最小误差值'	0
2	'最大误差值'	0.7516

图2-5-12 误差矩阵中最大和最小的误差值

3. 程序文件

```
function result = corr_analysis2(data)
    %关联分析相关程序
    %step1:对模型数据量纲化处理,以避免不同指标数量级的差异
```

```
%step2:计算绝对误差矩阵,首先需要指定具有代表性的序列(主观判
%       断和实践经验)
%step3:找到误差矩阵中最小的和最大的那个数并计算关联系数和计
%       算关联度


%% 提取数据,并对数据量纲化处理
Eco_data1 = cell2mat(data. MAT. data(2:end,2:end));
% Eco_data1 = Eco_data(2:end,:);
% 指标,年份
[factor,timenum] = size(Eco_data1);
rep_Ecol1 = repmat(Eco_data1(:,1),1,timenum);
std_data = Eco_data1./rep_Ecol1;
%% 计算绝对误差矩阵,首先需要指定具有代表性的序列(第一个指标)
err_matrix = abs(std_data(2:end,:)-repmat(std_data(1,:),(factor-1),1));
err_name = {'误差矩阵'};
err_nameall = [err_name num2cell(nan(1,length(err_matrix(1,:))-1))];
%% 找最大最小的误差值并计算关联系数
min_mindelta = min(min(err_matrix));
max_maxdelta = max(max(err_matrix));
list={'最小误差值';'最大误差值'};
list_data=num2cell([min_mindelta;max_maxdelta]);
result. data. data1 = [err_nameall;num2cell(err_matrix)];
result. data. data2 = [list list_data];
result. data1 = [err_nameall;num2cell(err_matrix)];
result. data2 = [list list_data];
end
```

七、步骤3—相关度

1. 步骤描述

根据模型公式计算代表性指标与其他各指标之间的相关度。

2. 结果分析

各指标之间的相关度如图 2-5-13 所示。

	1	2
1	'相关度'	[]
2	'全员劳动生产率(元/人)'	0.6657
3	'流动资金周转次数(次/年)'	0.5978
4	'每吨能耗创产值(元/吨)'	0.7470
5	'产品销售率(%)'	0.6873
6	'产值利税率(%)'	0.7836
7	'成本利税率(%)'	0.7758
8	'最大相关度的量'	5

图 2-5-13　各指标之间的相关度

通过相关度可以看出，第 5 个量"产值利税率"的相关系数最大，表明资金利税率与第五个指标之间的关联度最高，与实际的情况是非常吻合的，这将非常具有指导意义。

3. 程序文件

```
function result = corr_analysis3( data)

    %关联分析相关程序

    %step1:对模型数据量纲化处理,以避免不同指标数量级的差异

    %step2:计算绝对误差矩阵,首先需要指定具有代表性的序列(主观判
```

```
%      断和实践经验)
%step3:找到误差矩阵中最小的和最大的那个数并计算关联系数和计
%      算关联度


%% 提取数据,并对数据量纲化处理
Eco_data1 = cell2mat(data. MAT. data(2:end,2:end));
% Eco_data1 = Eco_data(2:end,:);
% 指标,年份
[factor,timenum] = size(Eco_data1);
rep_Ecol1 = repmat(Eco_data1(:,1),1,timenum);
std_data = Eco_data1./rep_Ecol1;
%% 计算绝对误差矩阵,首先需要指定具有代表性的序列(第一个指标)
err_matrix = abs(std_data(2:end,:)-…
    repmat(std_data(1,:),(factor-1),1));


%% 找最大最小的误差值并计算关联系数
min_mindelta = min(min(err_matrix));
max_maxdelta = max(max(err_matrix));
corr_matrix = abs(min_mindelta+0.5 * max_maxdelta)./…
    (err_matrix+0.5 * max_maxdelta);


%% 计算关联度,找到最大关联度的位置
r = mean(corr_matrix,2);
ind_maxr = find(r==max(r));
% 数据存入result,第一列是类表名称 第二列是数据
table_name = {'相关度'};
corr_var = data. MAT. Sheet1(3:end,1);
corr_list = [table_name;corr_var;{'最大相关度的量'}];
corr_data = [{''};num2cell(r);num2cell(ind_maxr)];
```

```
    result. data = [ corr_list corr_data ] ;
end
```

八、问题思考

关联分析的应用很广泛，如在药店，怎么合理地摆放才能最大程度地促进消费者的购买欲望呢，这就要用到关联分析的原理。

运用关联分析，计算简便，而且依据各因素的影响程度来进行排队时具有直观简洁的特点，很有实用价值。但是，关联分析法也有一定的缺点，从方法本身来说，与回归分析相比，其分析结论不够具体细致，也不能从模型中得到各因素的影响程度和方向。此外，在选择参考标准时，人为因素占了主导。因不同人看待的角度不同，不可避免会产生一定的偏差。

本章小结

在整个金融模型开发领域，数据挖掘通常需要海量的数据，需要的模型也是基于数学，统计上也有复杂的理论，然而正是这一类模型，使得今天的社会进入了大数据时代，海底捞针才成为可能。金融领域的数据挖掘好比在一堆数据中发现事物发展的规律，找到投资的策略，找到未来的走势等。这类模型会从过去找到规律，来预测我们的未来。

本篇总结

实践是检验真理的唯一标准，实践也是对知识掌握程度的考核。在这一部分，书中模型所涉及的源数据都能在 EFM 的源代码中找到。本书所选择的都是一些具有代表性并且难度适中的模型。金融工程是金融数据分析中更为复杂的模型，它们作为提高的类型，也是在金融经济领域研究更为前沿和更有价值的，需要进一步的学习和研究。

参考文献

［1］郑志勇. 金融数量分析——基于 MATLAB 编程（第 2 版）［M］. 北京：北京航空航天大学出版社，2013.

［2］丁鹏. 量化投资——策略与技术［M］. 北京：电子工业出版社，2012.

［3］Comon P.. Independent Component Analysis, A New Concept［J］. Signal Processing, 1994, 36：287-314.

［4］Lee T. W., Girolami M., Sejnowksi T. J.. Independent Component Analysis Using An Extend Infomax Algorithm for Mixed Sub-Gaussian Sources［J］. Neural Computation, 1999, 11（2）：417-441.

［5］David R. Hardoon, Sandor Szedmak and John Shawe-Taylor. Canonical Correlation Analysis：An Overview with Application to Learning Methods. Technical Report, 2003（5）.

［6］曼昆. 经济学原理［M］. 北京：机械工业出版社，2003.

［7］刘园. 国际金融学［M］. 北京：机械工业出版社，2012.

［8］资本资产定价模型. http：//www. baike. com/wiki/.

［9］卢双娥. 现金流量折现法在企业价值评估中的运用［J］. 对外经贸财会，2002（6）.